T0274089

Francesc Miralles

20 preguntas existenciales

cuyas respuestas pueden cambiar tu vida

editorial Kairós

© 2022 Francesc Miralles

© de la edición en castellano:
2022 Editorial Kairós, S.A.
www.editorialkairos.com

Fotocomposición: Grafime. 08014 Barcelona
Diseño cubierta: Pere Valls Comas
Impresión y encuadernación: Litogama. 08030 Barcelona

Primera edición: Marzo 2022
Segunda edición: Abril 2022
Tercera edición: Mayo 2022

ISBN: 978-84-9988-984-9
Depósito legal: B 2.020-2022

Este libro ha sido impreso con papel que proviene de fuentes
respetuosas con la sociedad y el medio ambiente y cuenta con los
requisitos necesarios para ser considerado un «libro amigo de los bosques»

Sumario

Preguntas para una vida

Hará un año, viendo el emotivo *The Wisdom of Trauma*, dedicado a la vida y obra del doctor Gabor Mate, me llamó la atención un momento del documental. Este gran experto en adicciones se sentaba a charlar con Tim Ferriss, el autor de *La semana laboral de 4 horas*.

Al parecer, el joven empresario y motivador estaba muy enfadado con una persona que había contratado para cuidar de su casa, mientras él estaba de viaje, ya que su trabajo no había cumplido las expectativas. Con su mirada compasiva, Gabor Mate desmonta su ira con un par de preguntas bien dirigidas.

Ferriss es el paradigma del hombre de éxito en Estados Unidos. A los 30 años ya estaba en la cumbre gracias a este libro que es un emblema de los nómadas digitales más capitalistas, como reza su subtítulo: *Vive en cualquier parte y únete a los nuevos ricos*.

El libro popularizó la ley de Pareto, formulada por un economista italiano un siglo antes y que sostiene que el 80 % de los beneficios vienen del 20 % de las causas, lo cual se puede utilizar para cribar clientes.

Hay una frase de este libro que yo cito a menudo: «el éxito de una persona en la vida se mide por la cantidad de conversaciones incómodas que está dispuesta a mantener». Creo que Ferriss se refiere a reuniones en el ámbito de los negocios, pero yo extendería esta máxima a las conversaciones que tenemos con nosotros mismos.

Existen dos tipos de personas: las que no se cuestionan nada y se dejan arrastrar por la inercia, y las que tienen el valor de hacer un alto en el camino para plantearse «preguntas incómodas».

La intrepidez de los niños

En general, a medida que crecemos vamos perdiendo la capacidad de interrogarnos. Sea porque estamos cada vez más cansados, o porque no hay en la agenda un solo hueco para pararnos a pensar –en latín se llama *horror vacui*, miedo al vacío–, el inconformismo y curiosidad de los niños y adolescentes se va diluyendo en la mayoría de los casos.

Los niños son capaces de cuestionar la realidad constantemente, de modo similar a *El libro de las preguntas* escrito por Pablo Neruda, que contiene perlas como: *¿Por qué las hojas se suicidan cuando se sienten amarillas?*

Quienes tratamos con niños, nos sorprendemos una y otra vez con preguntas del tipo: «¿El cielo está suelto o fijo?». Sin duda, son más estimulantes estas cuestiones que muchas de las que nos preocupan de adultos.

Poner en tela de juicio lo que nos rodea es un seguro contra esa inercia que lleva al conformismo y la resignación. Cada vez que alguien se encoge de hombros y suelta algo como «Qué quieres, la vida es así…» se certifica la muerte del niño que un día fue.

Toni Morrison me hace un encargo

Hay un momento dramático en la evolución de todo ser humano: cuando nos sentimos expulsados de la infancia para empezar a ocuparnos del «mundo adulto», cualquier cosa que eso signifique.

A partir de entonces, en nuestra vida empiezan a aparecer interrogantes compartidos por miles, millones de seres humanos de todas las épocas. Empezamos a cuestionarnos la existencia de Dios, lo que puede haber después de la muerte, si existe una salida al sufrimiento, un verdadero amor.

Como adolescente inquieto y torturado, yo me hacía muchas de estas preguntas. Y me las seguí formulando a lo largo de mis once años de universitario, mientras iba saltando de carrera en carrera, entre un viaje y el siguiente. Había muchas cosas que anhelaba saber y me costaba encontrar las respuestas.

La afroamericana Toni Morrison, Premio Nobel de Literatura, tiene una frase célebre que a menudo menciono en mis talleres de escritura: «Si hay un libro que te gustaría leer, pero aún no se ha escrito, entonces debes escribirlo».

Dicho y hecho, con 53 años cumplidos y tras miles de lecturas, entrevistas a personas sabias, viajes y descubrimientos personales, me siento preparado para escribir el libro que me habría gustado leer en mis crisis existenciales.

Deseo que estas páginas sean una agradable conversación sobre todas esas cuestiones que nos hacen humanos y exploradores de la vida.

Gracias por acompañarme en esta aventura.

FRANCESC MIRALLES

1. ¿Hay alguien ahí?

Cuando era niño, estaba fascinado con un hombre vestido de negro que subía las escaleras de nuestro bloque con gafas oscuras y un cigarrillo en la boca. Eso sucedía una vez al mes, aproximadamente, y yo espiaba a través de la puerta entreabierta aquella figura siniestra que iba a visitar a su hermana.

Era Eugenio, un humorista que se había hecho insólitamente famoso contando chistes con una seriedad lúgubre y su fuerte acento catalán. Además de aparecer casi cada noche en televisión, era dueño del *pub* Sausalito, situado no muy lejos de nuestro piso en la calle Tavern de Barcelona.

Yo tenía varios casetes con sus chistes y los escuchaba a menudo en la soledad de mi habitación. Uno de mis preferidos era el del excursionista que resbala por un barranco y queda colgando en el aire, sujeto de una rama. Presa del pánico, empieza a gritar «¿Hay alguien ahí?».

De repente, una voz grave y profunda resuena en el abismo para decirle que se suelte y se deje caer, y añade: «Enviaré cien ángeles capitaneados por el arcángel Gabriel que, batiendo sus poderosas alas, te recogerán y remontarán el vuelo para dejarte en lo alto del precipicio sano y salvo».

Tras escuchar la propuesta divina, el excursionista responde: «Muchas gracias, pero… ¿hay alguien más?».

Creo que este chiste plasma el sentimiento de las personas que, sin declararse ateas, nunca han tenido claro qué es Dios y qué papel debería desempeñar en su vida.

«Quiero creer»

Como casi todos los chicos de mi generación, recibí una educación católica donde la religión se vehiculaba a través del miedo. Aún recuerdo el trauma que me causó hojear una Biblia ilustrada donde se exhibía, en una lámina entera a todo color, los crueles tormentos de los condenados al infierno.

Era tal mi pavor que empecé a acudir cada domingo a la iglesia de la calle Sant Elies, la más próxima a mi casa. Miraba asustado los vitrales y la simbología cristiana, mientras escuchaba las palabras monótonas del sacerdote. Sin embargo, no lograba sentir nada.

Por aquel entonces, yo era un chico retraído con muchas preguntas sobre la existencia. Me habría encantado que Dios me hablara, como al excursionista, o sentir al menos su presencia reconfortante. Eso habría dado sentido a una infancia presidida por la angustia y la melancolía.

Sin embargo, jamás sucedió. Al igual que hay personas que intentan ver un platillo volante toda su vida –recordemos el póster con el lema «I WANT TO BELIEVE»–, yo sentía que Dios me evitaba.

Otras personas, como una vecina muy devota, amiga de la hermana de Eugenio, aseguraban hablar con Dios cada día. Eso me hacía sentir desplazado. ¿Significaba que yo no era digno de la comunicación divina? ¿Me hablaba Dios, acaso, pero yo no era capaz de oírle? ¿O carecía de la capacidad de visualización –un ateo lo llamaría sugestión– de los creyentes?

Dejé de ir a la iglesia sin haber resuelto esta cuestión. Fue entonces, hacia los doce años, cuando mi padre empezó a llevarme a la Filmoteca a ver películas de Bergman.

Dios se ha ido

Recuerdo que *El Séptimo Sello*, con aquel caballero lánguido jugando su partida contra la Muerte en medio de la peste negra, me aterrorizó y fascinó a partes iguales.

Mi padre era hombre de muy pocas palabras. Solo si yo le preguntaba algo, contestaba de forma escueta y a veces enigmática.

Al final del filme, cuando la Muerte se lleva a las almas tirando de ellas, recuerdo que le pregunté:

–Papá, ¿de qué va esta película?

–Del silencio de Dios –se limitó a contestar.

Por aquel entonces no supe qué pensar de esa respuesta. Ya de adolescente, al ver otras películas de Bergman entendí lo que mi padre había querido decir.

Siete años después de *El séptimo sello*, en 1963 el director sueco estrenó *Los comulgantes*. El protagonista es un sacerdote acechado por las dudas sobre la propia fe, tras la muerte de su mujer y las injusticias que presencia día a día en la comunidad. Aun así, continúa celebrando misa porque es lo que se espera de él.

Aunque dudo que Bergman la conociera, *Los comulgantes* tiene mucho en común con una novela publicada por Miguel de Unamuno tres décadas antes. *San Manuel Bueno, mártir* cuenta la historia de un sacerdote que ha dejado de creer en Dios, pero que sigue fingiendo ante sus fieles para no decepcionarlos en su esperanza de una vida eterna que les repare sus actuales miserias. Don Manuel muere considerado un santo por todos sin que nadie de su parroquia haya adivinado su sufrimiento.

Tras ver las películas de Bergman y leer esta novela, me sentí mejor. No era el único al que le inquietaba el silencio de Dios. Con todo, a medida que me enfocaba en otro tipo de espiritualidad, me decía: «Tiene que haber alguna forma de hacerle hablar.»

Conversación con una creyente

Escribo este capítulo desde Mexicali, una ciudad atravesada por el muro con Estados Unidos, donde he venido a trabajar con una fundación que se ocupa de los niños de la calle.

Miles de migrantes que llegan para «brincar» al otro lado viven en la desesperación, durmiendo en parques y en edificios abandonados. Mientras tanto, muchos lugareños subsisten con los pocos dólares que ganan en las fábricas norteamericanas instaladas a este lado para abaratar costes. La gente combina tres y cuatro empleos mal pagados para subsistir. Sin embargo, en esta ciudad norteña se respira fe y religiosidad por doquier.

¿Cómo es posible que los más desfavorecidos tengan conexión directa con Dios? ¿Es un resorte que se activa en la extrema adversidad? ¿O son las comodidades las que nos hacen sordos a su mensaje?

Para tratar de resolver esta duda, aprovecho que estoy viviendo en la residencia de una orden religiosa que acoge la fundación. Quien me ha traído hasta aquí es Ángeles Doñate, que además de novelista tiene alma misionera y una fe incombustible.

La temperatura es cercana a los 50 grados cuando, camino de un taller que voy a impartir, decido abordarla para que me explique el secreto de su fe.

—No hay secreto —me dice—. Yo siempre he sentido a Dios a mi lado.

—¿Y por qué a ti te habla y a mí no, cuando siempre lo he deseado?

Tras pensarlo un instante, responde:

—La fe es un regalo de Dios. No todo el mundo lo recibe.

—Pero eso es injusto —protesto—. Dios no puede entregar ese regalo a unos y negárselo a otros. ¿No nos debería amar a todos por igual?

—Que no tengas fe no significa que Dios no te ame —me corrige Ángeles—. Son dos cosas totalmente distintas. Dios nos ama a todos.

—¿Y por qué, entonces, nunca he logrado que me hable?

—Quizás porque siempre estabas juzgando, intentando demostrarte que Dios no existe. Tu propio ruido no te deja oír la voz de Dios. Además, tal vez te esté hablando de una manera distinta a la que esperas.

—¿Qué quieres decir con eso? —le pregunto muy interesado.

—Dios tiene su propia forma de comunicarse contigo. Si esperas que lo haga a través de las palabras, como hacemos ahora, es natural que no escuches nada. Yo siento a Dios muy presente en la soledad, cuando estoy en la naturaleza, o al percibir la bondad de las personas.

El cántico de las criaturas

La conversación con Ángeles me resulta iluminadora, porque me abre un abanico de experiencias en las que puedo haber estado en compañía de Dios sin saberlo. Ciertamente, ante un ocaso perfecto o al contemplar el cielo estrellado me asalta la sensación de que hay algo más allá de lo visible, como si percibiera fragmentos de una partitura que no puedo interpretar al completo.

Es un sentimiento que viven la mayoría de humanos y, a falta de una palabra mejor, lo podemos llamar asombro.

En su *Cántico de las criaturas* lo describió maravillosamente Francisco de Asís, sin duda el santo favorito de muchos laicos. El texto es una alabanza a Dios por todas las cosas creadas cuya belleza nos conmueve. Así, el místico elogia al hermano Sol, a la hermana Luna y a las Estrellas, al hermano Viento, a la hermana Agua, «tan humilde y preciosa», al hermano Fuego, «por el cual iluminas la noche, y es bello y alegre y vigoroso y fuerte».

Al ver reflejada la divinidad en estos elementos, Francisco nos presenta una espiritualidad cercana al sintoísmo o a las religiones animistas, que reconocen el alma de todas las cosas y criaturas.

En este punto, estamos ya más cerca de hacer hablar a

Dios, ya que de una presencia abstracta pasa a encarnar todo lo que identificamos con lo sublime y con el misterio de la creación.

Y es justamente ese misterio lo que nos permite subir un escalón más.

El misterio

Así como la naturaleza nos maravilla y nos hace sentir parte de algo más grande que nosotros, hay otros momentos de epifanía en los que intuimos la presencia de Dios. Son experiencias que se pueden describir en cierto modo pero no explicar, tal como sucede con la divinidad.

Nuestra propia existencia y la del universo es ya un misterio de por sí. ¿Quién o qué pulsó el botón del Big Bang? En caso de asumir que fue Dios, signifique eso lo que signifique, entonces ¿quién creó a Dios? No queda otra que admitir que esa fuente generadora de universos y galaxias siempre ha estado ahí.

No puedo ir mucho más allá de eso, solo aceptar el misterio; y a ese misterio lo puedo llamar Dios.

En la vida cotidiana, hay momentos en los que nos embarga una emoción parecida al vértigo de contemplar el firmamento durante una noche de vivac. Tendidos en el suelo, nos quedamos sin aliento ante esos miles de mundos distantes que tal vez ya no existan.

Recuerdo haber sentido algo así estando en Nueva Delhi. Una tarde fui a visitar la gran mezquita y, tras descalzarme, atravesé el patio extrañamente vacío. No parecía haber nadie más que yo y las palomas que revoloteaban sobre mi cabeza contra el cielo cuajado de nubes.

En medio de aquel lugar silencioso y monumental, sentí una paz y recogimiento nuevos para mí. Era un estado sereno y confiado, libre de todo juicio o interpretación. Si alguna vez he percibido cercana la presencia divina, fue esa tarde.

Examinando esa experiencia y otras parecidas, me doy cuenta de que hay muchas cosas que mi mente racional no entiende, y tal vez esos huecos los ocupa Dios.

Dios y ciencia

Es interesante comprobar cómo muchos científicos se fueron volviendo místicos a medida que se daban cuenta de los límites de su conocimiento.

El mismo Einstein, en las últimas décadas de su vida, parecía enfocarse más en cuestiones éticas o espirituales que en lograr avances en su búsqueda de la teoría de la unificación.

La pregunta que da título a este capítulo, sin embargo, se la había formulado ya antes el historiador George S. Viereck. En 1930 compartió, en su libro *Glimpses of the Great, Einstein*, lo que el sabio alemán le había contestado al preguntarle si creía en Dios:

La mente humana, no importa cuán altamente capacitada esté, no puede comprender el Universo. Estamos en la posición de un niño pequeño entrando en una enorme biblioteca cuyas paredes están cubiertas hasta el techo de libros en muchos idiomas diferentes. El niño sabe que alguien debió de haber escrito esos libros. No sabe quién ni cómo. No entiende los idiomas en los que están escritos (…) Esa, me parece, es la actitud de la mente humana, incluso de la más grande y la más culta, hacia Dios. Vemos un universo maravillosamente organizado, que obedece ciertas leyes, pero solo entendemos las leyes de manera vaga. Nuestras mentes limitadas no pueden escrutar la fuerza misteriosa que balancea las constelaciones.

Una manera muy lúcida de describir el misterio del que hemos estado hablando.

Hay espiritualidad con y sin Dios

Sea cual sea nuestra postura ante la fe, si la examinamos con detenimiento, todas las opciones presentan inconvenientes:

1. Si Dios existe, habrá que dilucidar qué pretende de nosotros, lo cual nos infunde una gran responsabilidad.
2. Si asumimos que no existe, entonces no tenemos dónde agarrarnos. Podemos sentir que transitamos por un mundo sin sentido, como los personajes de Bergman o el bueno de Don Manuel.
3. Si dudamos, lo cual es muy humano, vivimos en la indeterminación de la partícula cuántica, en la que conviven todas las posibilidades. Pero no hay que sentirse mal por eso. El escritor uruguayo Mario Benedetti decía al respecto: «Yo no sé si Dios existe, pero si existe, sé que no le va a molestar mi duda».

Un error habitual es confundir religión con espiritualidad. Se puede ser agnóstico o incluso ateo y ser profundamente espiritual si crees en la bondad natural del ser humano, en su capacidad de ir más allá de sí mismo y extender su mano a los demás y al mundo.

Comentando este tema en una tetería con Agustín Pániker, el editor de este libro, me dijo:

—Eso a lo que te refieres se llama espiritualidad laica.

Volviendo a la historia del excursionista que cuelga en el abismo, crea o no en Dios, tendrá que intentar salir del hoyo por sí mismo. Si tiene fe, sentirá que Dios le ha dado fuerzas para lograr salvarse. Si no la tiene, sentirá que ha superado sus propios límites y, con un último esfuerzo, ha remontado el abismo. Actualmente lo llamamos resiliencia.

La capacidad humana ante la adversidad es ya de por sí prodigiosa. Por lo tanto, en cierta manera todos podemos obrar milagros, con o sin Dios.

Retomaremos la pregunta para concluir.

¿Hay alguien ahí?

Sí, estás tú, como representante de Dios o de ti mismo.

Lo importante es que *estás*, no eres una marioneta en manos del destino. En la medida en que tomas responsabilidad sobre tu propia vida, lo imposible empieza a volverse posible.

2. ¿Cómo encontrar el propósito de la vida?

En la segunda mitad del siglo xx, dos libros autobiográficos sobre los campos de concentración se hicieron muy populares. El primero fue *El hombre en busca de sentido* de Viktor Frankl, al que siguió poco después *Si esto es un hombre* del italiano Primo Levi.

Este último autor se acabó suicidando a los 67 años, mientras que el primero estuvo activo hasta su último aliento, divulgando la logoterapia y atendiendo a pacientes de forma gratuita.

¿Qué marcó la diferencia entre un destino y otro? Nadie puede indagar en las verdaderas causas de un suicidio, una decisión estrictamente personal. Sin embargo, es indudable que Frankl, que había perdido a casi a toda su familia en el Holocausto, tenía un propósito muy fuerte. Eso le salvó.

Con todo, en el que sería el primer volumen de la *Trilogía de Auschwitz*, hay momentos en los que Primo Levi, uno de los veinte supervivientes de una «remesa» de 650 judíos italianos, muestra cierta luz. Asegura que al igual que la felicidad perfecta no existe, tampoco es posible la infelicidad perfecta.

El químico turinés lo explica así: dado que el ser humano es enemigo de cualquier idea de infinito, asume que tanto lo bueno como lo malo tienen su fin. Los momentos de gozo son temporales, y también los de sufrimiento acaban cesando, aunque sea porque nos sobreviene la muerte.

Por eso, incluso en el más profundo de los pozos, siempre hay un destello de esperanza, una posibilidad de salir.

Ahora, mucho más poderoso que tener esperanza es tener un propósito, como veremos a continuación.

La pregunta del doctor Frankl

Aunque sufrió de manera semejante a Primo Levi, la respuesta de Viktor Frankl sería crear la terapia de la búsqueda de sentido. El pistoletazo de salida fue el manuscrito que escribiría antes, durante y después de su deportación. Su propósito hacía buena la tan citada frase de Nietzsche: «Quien tiene un porqué para vivir puede soportar casi cualquier cómo».

Su enfoque terapéutico, que sigue inspirando a millones de personas, partía de un punto muy alejado del psicoanálisis freudiano. Terminada la II Guerra Mundial, al recibir a pacientes desolados por las pérdidas familiares, malviviendo en una Viena en ruinas, Frankl entendió que cualquier indagación sobre el origen del trauma estaba fuera de lugar.

Como reza un dicho budista que leí en un templo de Tailandia, ante una crisis grave «la ayuda que llega lentamente no es ayuda».

Era urgente conseguir que el paciente encontrara un motivo por el que vivir hasta el día siguiente. Es bien conocido que el doctor Frankl, cuando alguien le exponía su catálogo de calamidades, lo desafiaba con la pregunta: *¿y usted por qué no se suicida?*

A no ser que se encuentre en la oscuridad más absoluta, lo cual, como dice Primo Levi, no se da casi nunca, cualquier persona contestará algo; y en esa respuesta está la semilla del propósito vital.

Quizás lo que nos liga a la vida es una persona a la que amamos y queremos cuidar. Quizás es una pasión que aún no hemos desarrollado, pero que sabemos que está ahí, esperando a que le demos espacio y tiempo en nuestra vida. Quizás sea un proyecto, un viaje, un sueño…

Por modesta que sea esta ilusión, tener una tarea significativa en la vida puede ejercer como salvavidas de nuestro propio naufragio.

Aventuras de un hombre sin propósito

No deja de ser paradójico que quien escribe estas líneas, coautor del libro pionero sobre el *ikigai* traducido a más de 60 idiomas, no tuviera propósito alguno durante las tres primeras décadas de su existencia.

Como explico en las memorias *Los lobos cambian el río*, mi vida era una constante huida. Trabajaba en cualquier cosa para poder viajar y, cuando el dinero se acababa, volvía al redil a buscar cualquier empleo para reunir fondos y escapar de nuevo.

Siempre en crisis existencial: al igual que no encontraba a Dios, tampoco encontraba sentido a nada. Vivía bajo la ilusión permanente de que *la vida está en otra parte*, como la novela de Milan Kundera.

A falta de una misión personal más profunda, vagar por el mundo era mi único *drive*. Y fue justamente en uno de mis viajes a Japón cuando me presentaron a Héctor García, que llevaba una década larga viviendo en el país y estaba casado con una okinawense.

Yo le conocía por *Un geek en Japón*, un libro de cultura japonesa muy útil para cualquier viajero, y pese a tener caracteres radicalmente opuestos –él es un ermitaño y yo, un adicto a socializar– nos hicimos muy amigos.

Pese a su exitosa carrera como ingeniero en Tokio, enseguida noté en él un vacío que necesitaba llenar. Y, puesto que en el pasado había escrito aquel libro que es un clásico entre los amantes de Japón, le animé a escribir algo más; algo distinto a lo que había hecho hasta entonces.

Según la teoría de *Flow* de Mihály Csíkszentmihályi, a quien le gustaba mucho nuestro libro, para poder fluir y apasionarnos con una tarea, esta no debe de ser ni muy fácil ni muy difícil.

En el caso de Héctor, si hubiese sido demasiado fácil –por ejemplo, escribir otro libro de cultura japonesa–, habría resultado poco estimulante. Por lo tanto, le propuse subir un escalón más respecto a lo que ya había hecho:

–¿Por qué no te atreves con una novela?

Para alguien tan cerebral como él, que antes de llegar a Tokio había trabajado en el CERN, adentrarse en un mundo de ficción podía ser un bálsamo, además de la oportunidad de activar resortes emocionales poco utilizados.

Establecimos el compromiso de que escribiría un capítulo cada semana. Todos los lunes, a las 8:15 de mi mañana en Barcelona, nos conectábamos por Skype. Su novela fue creciendo hasta completarse y, cuando este ensayo se publique, es muy probable que se encuentre ya en las librerías.

Sin haber iniciado aún el estudio que nos llevaría a escribir *Ikigai*, yo empezaba a intuir que mi propósito podía ser ayudar a los demás a encontrar su propósito.

El consejo de Yoshiaki

Nuestro encuentro literario semanal nos hizo aún más amigos, así que yo viajaba para verle al menos una vez al año. En uno de aquellos viajes, una tarde que estábamos paseando por un parque de Tokio, surgió la idea de hacer un trabajo de campo en el norte de Okinawa, en un pueblecito rural llamado Ōgimi.

–Mi suegro me ha comentado que lo llaman «la aldea de los centenarios» –explicaba Héctor– porque tienen el récord Guiness de longevidad. Dice que deberíamos ir hasta allí para preguntar a los viejos cómo consiguen vivir tanto.

Entusiasmados con el proyecto, tras varios meses de estudiar todos los artículos e informes sobre Okinawa que caían en nuestras manos, obtuvimos permiso del ayuntamiento de Ōgimi para entrevistar a los más ancianos.

Tras volar a Naha, antes de conducir nuestro coche alquilado hasta la selva del norte, donde se halla la aldea, su suegro quiso invitarnos a una whiskería de la capital de la isla. Tenía algo importante que decirnos.

Yoshiaki, que en japonés significa «pequeño Yoshi», un nombre muy común, es dueño de varios supermercados y filósofo callejero; le gusta hablar y aconsejar. Por eso, en aquel local en un sótano de Naha, después de que una camarera casi anciana nos hubo servido tres vasos de whisky Yamazaki, nuestro mentor en aquella aventura dijo muy seriamente:

–Chicos, hay un momento en la vida en el que debes decidir si quieres vivir como todo el mundo o empiezas a desarrollar tus poderes secretos.

No entendimos muy bien qué había querido decir con eso, pero quizás aquella frase desató de forma misteriosa unos poderes de los que no teníamos conciencia. A fin de cuentas, nuestras notas y entrevistas en la aldea de los centenarios acabarían cristalizando en el libro que daría la vuelta al mundo.

Al regreso de nuestra tarea de antropólogos, seguimos trabajando los lunes a las 8:15, pero ahora escribíamos nuestro futuro libro juntos. Aún recuerdo el inspirado párrafo que Héctor me envió para definir el *Ikigai*, y que pusimos en un capítulo introductorio:

Según los japoneses, todo el mundo tiene un *ikigai*, lo que un filósofo francés traduciría como *raison d'être*. Algunos lo han encontrado y son conscientes de su *ikigai*, otros lo llevan dentro pero todavía lo están buscando.

El *ikigai* está escondido en nuestro interior y requiere una exploración paciente para llegar a lo más profundo de nuestro ser y encontrarlo. Según los naturales de Okinawa, la isla con mayor índice de centenarios del mundo, el *ikigai* es la razón por la que nos levantamos por la mañana.

Las tres reglas de Shoma Morita

En la aldea de los centenarios descubrimos que, además de sus hábitos saludables y de cultivar fuertes vínculos de amistad, el propósito vital era un aspecto clave de su longevidad.

Tuvieran 100 años o incluso 108, como un activo anciano que conocimos al regresar tiempo después con National Geographic, estar ocupados en cosas que les gustan los mantiene vivos.

En el extremo opuesto, pensemos en un jubilado de ciudad que, tras una vida muy ocupada, se queda clavado frente al televisor, con pocos o ningún aliciente para seguir levantándose de la cama.

Además de recoger el testimonio de los ancianos, tras dedicar un capítulo a Csíkszentmihályi y otro a Viktor Frankl, nuestra investigación nos llevó a conocer el trabajo de Shoma Morita. Este japonés contemporáneo de Freud ya usaba el propósito en sus terapias con pacientes, algunos con graves trastornos mentales.

Anticipándose incluso a Frankl, este terapeuta insólitamente desconocido en Occidente proponía:

> Ríndete a ti mismo. Empieza a actuar ahora, seas neurótico, imperfecto, procrastinador, malsano, holgazán, o cualquier otra etiqueta que te hayas puesto injustamente para describirte. Ve adelante y sé la mejor persona imperfecta que puedas ser, y empieza a llevar a cabo todas esas cosas que quieres hacer antes de morir.

El propósito vital constituye el centro de sus tres reglas para el buen vivir:

1. *Acepta tus sentimientos*. Como ya advertía su colega C.G. Jung, oponerse a determinadas emociones solo sirve para reforzarlas y acabar sometidos por ellas. El autoconocimiento es un paso preliminar para conectar con el *ikigai*, y eso incluye observar –sin rechazar ni retener– cualquier cosa que sintamos con neutralidad.

2. *Descubre tu propósito*. Morita coincidía con Frankl en que muchas veces no podemos controlar los acontecimientos externos, pero siempre podemos decidir cómo reaccionar ante ellos. Si tenemos una misión o tarea vital, encontraremos la manera de seguir adelante, más allá de las circunstancias. Según Morita, el mantra que deberíamos aplicarnos en todo momento es la pregunta: *¿Qué es necesario que haga ahora?*

3. *Haz lo que hay que hacer*. La proactividad es un martillo capaz de derribar cualquier muro, también el del dolor. En lugar de perdernos en ideas repetidas e improductivas, si pasamos del pensamiento a la acción, el panorama mejora de repente. Doy fe de ello con un humilde ejemplo personal. Cuando estoy durmiendo mal o me desvelo porque tengo algo pendiente que entregar, como un artículo, si me levanto y me pongo a escribirlo, la ansiedad baja de repente.

¿Y si no sé lo que quiero hacer con mi vida?

Recapitulando, el propósito es más fuerte que la esperanza, porque esta última sitúa el poder fuera de nosotros. Podemos esperar a que la situación económica mejore, o a que aparezca la persona que nos completará, pero esa es una actitud pasiva, mientras que el propósito nos moviliza de inmediato para hacer lo que podamos con aquello que tenemos.

En los talleres y conferencias que he impartido los últimos años he escuchado los *ikigais* más diversos: desde aprender islandés a «rescatar gatitos de la calle», tal como lo definió una joven mexicana.

¿Cuál es el tuyo? Que no cunda el pánico: ni siquiera necesitas que ese propósito vital sea permanente. En un momento de tu existencia, tu pasión puede estar en un campo determinado y, tras agotarlo o dar todo lo que tenías, virar hacia una nueva pasión.

Entre una y otra es común que pases por una travesía del desierto, que es mucho más fértil de lo que parece, porque te da tiempo a repensar lo que quieres hacer con tu vida, mientras descubres nuevos caminos y personas.

Frankl decía que, en realidad, siempre tenemos un propósito, aunque sea tratar de descubrir cuál es ese propósito por prueba y error, tal como avanza la ciencia. Por lo tanto, si no tienes claro aún tu *ikigai*, sigue adelante con actitud de explorador. Del mismo modo que, en algunos capítulos de este libro, solo he averiguado lo que quería decir al escribirlos, a menudo el propósito de la vida se desvela viviendo.

Lo que la vida espera de ti

Para cerrar esta segunda pregunta que cambia vidas, quiero añadir una reflexión que formulé en mi blog de los lunes en plena pandemia.

Recordando una clase de *storytelling* que organicé a Gabriel García de Oro, este publicista y escritor mencionó la regla de oro que siguen los guionistas de Pixar: *Una cosa es lo que el héroe quiere; otra es lo que necesita. En el viaje de una cosa a la otra está la aventura de la vida.*

Puso de ejemplo a Woody de *Toy Story*, que, ante la llegada de Buzz Lightyear, quiere volver a ser el juguete preferido de su amo, pero lo que en verdad necesita es aprender a ser un amigo.

Hayamos encontrado o no nuestro propósito, esta regla se aplica igualmente a la vida. A cualquier vida.

Si hay algo que caracteriza a los seres humanos, incluso a los de más éxito, es que casi todos desean algo distinto a lo que tienen. Hay escritores famosos que sueñan con subirse a los escenarios con su banda de rock, y empresarios que preferirían ser gurús espirituales.

En el alma de cada persona late una profunda insatisfacción, y justamente eso es lo que nos permite avanzar. Sin embargo, la regla de Pixar aplicada a la existencia nos sugiere que pensemos de otro modo: «Sí, ya sé que quiero eso, pero… ¿qué es lo que necesito?». O podemos formularlo aún mejor: ¿Qué es lo que la vida espera de mí, más allá de mis deseos?

Por lo tanto, quizás puedes ampliar la cuestión de este capítulo y preguntarte: ¿Qué quiero hacer con mi vida y qué reclama de mí la vida?

Si es una misma cosa, felicidades. Ya has encontrado tu *ikigai*. Si se trata de cosas aparentemente distintas, seguro que la vida las hará confluir en algún punto. Como decían los hippies californianos: *Keep on trucking* (Sigue adelante).

3. ¿Por qué me siento tan solo entre la multitud?

Todo el mundo ha experimentado alguna vez esta especial clase de soledad que se siente en compañía. Puede suceder estando en pareja o, de forma más general, en medio de una gran ciudad llena de otras almas solitarias.

¿A qué se debe este amargo sentimiento de desconexión y aislamiento?

En ocasiones, obedece a causas obvias. Mi infancia, por ejemplo, fue muy solitaria. Mi madre trabajaba de sol a sol como modista y mi padre era un hombre casi autista, de tan silencioso. Tal vez por eso, desarrollé un carácter tímido que me hacía pasar largas horas encerrado en mi habitación, flotando en mi melancolía.

Tenía pocos amigos y no me gustaba estar en el salón de casa, donde la tele estaba siempre a todo volumen para disfrazar aquel ambiente de incomunicación.

Tendido en la cama, durante mi adolescencia leía o escuchaba discos para sentirme acompañado.

En un determinado momento de esa época, tenía un único amigo con el que salir y confiarme. De café en café, compartíamos el sueño de encontrar a aquella chica genial y amorosa con la que pasear y vivir cosas emocionantes.

Cuarenta años después, nos seguimos viendo cada semana, como un ritual. Sin embargo, en aquellos tiempos difíciles, una vez me telefoneó para darme este mensaje:

–Quiero avisarte de que voy a estar un buen tiempo sin salir. Prefiero quedarme en casa leyendo.

Viví aquello como un drama, ya que él era mi contacto con el mundo.

Como un náufrago en busca de tierra firme, aunque fuera una roca azotada por las olas, recuerdo haber hecho cosas raras por aquel tiempo. Por ejemplo, conocí por casualidad a una chica de mi barrio con unos ojos claros muy bonitos y un gran lunar en la frente. Hablamos solo un poco, pero por alguna razón llegué a tener su teléfono.

Un sábado por la tarde en el que me sentía terriblemente solo y aburrido, desafié mi timidez y la llamé. La chica se sorprendió mucho y me dijo que en unos días habría una fiesta de italianos en un pub del barrio, si quería ir. Yo le dije que prefería quedar con ella, nosotros dos, aunque solo fuera para tomar un café.

A mi proposición le siguió un silencio eterno de dos o tres segundos, tras los cuales ella me soltó:

–Oye, pero ¿no te has dado cuenta de que tú y yo no tenemos nada que ver?

Aquello me hirió profundamente, pero me despedí de la forma más cortés posible. Jamás volví a llamarla.

La luz especial de los solitarios

En una de sus primeras novelas, *Noches blancas*, Dostoievski cuenta la historia de un joven solitario y soñador que cree que el mundo se ha olvidado de él, como si fuera un extraño para todos.

Los pocos encuentros que tiene con otros seres humanos, pese a vivir en San Petersburgo, son tan raros que luego los reproduce una y otra vez en sueños. Al leer este librito breve, hace pocos meses, no pude evitar identificar mi yo de juventud con esta alma atormentada.

En uno de sus paseos nocturnos, el protagonista conoce a Nástenka, una joven melancólica que le va a convertir en el perfecto *pagafantas*, si se me permite usar este término.

Inflamado por la posibilidad de pasear con ella, hay una conversación memorable en la que él le explica así su soledad:

> El soñador –si se quiere una definición más precisa– no es un hombre, ¿sabe usted?, sino una criatura de género neutro. Por lo común, se instala en algún rincón inaccesible, como si se escondiera del mundo cotidiano. Una vez en él, se adhiere a su cobijo como lo hace el caracol, o, al menos, se parece mucho al interesante animal, que es a la vez animal y domicilio, llamado tortuga.

El personaje de Dostoievski habla en sus paseos nocturnos de la luz especial de los solitarios, como si deambular como alma en pena fuera un destino, tal vez incluso un peaje a la propia genialidad.

Esta historia tiene carácter universal; prueba de ello es que ha sido llevada numerosas veces al cine –con tres versiones solo en la India–, siendo quizás la más famosa la de Visconti, con un Marcelo Mastroianni espléndido.

Soledad digital

En la era de internet, el aislamiento social se ha vuelto algo mucho menos romántico. Dado que la mayor parte de interacciones humanas tienen lugar a través de una pantalla, lanzando al mundo nuestro mensaje en una botella, sentirse acompañado y reconocido depende de los seguidores, así como de los *likes* –según el editor Jordi Nadal, son una droga dura– y comentarios que recibimos.

Así, una persona que cuelga una fotografía o una reflexión en su red social y obtiene mucho *feedback* se siente respaldada por el clan, mientras que quien ve cómo su *post* solo obtiene media docena de *likes* y pocos o ningún comentario se siente tan abandonado como el protagonista de *Noches blancas*.

Al principio del relato de Dostoievski, este hombre, de quien no sabemos su nombre, muestra su envidia hacia las personas que salen de San Petersburgo para pasar las vacaciones en sus *dachas*, las casas de campo de los urbanitas rusos.

Trasladado a nuestra era, el escritor en ciernes que obtiene escasas reacciones del texto que acaba de colgar siente rabia ante los que, escribiendo mucho peor –a su parecer–, tienen miles de interacciones de su público.

Al compararse con el éxito de otras personas, experimenta algo que podríamos llamar soledad digital.

En esencia, es lo mismo que experimenta el solitario de San Petersburgo o mi yo adolescente: la amarga impresión de que no importas a nadie, y que el mundo seguiría girando alegremente si no estuvieras. Saberte prescindible es quizás uno de los sentimientos más crueles que puedes vivir.

Las estampas de Hopper

Más allá de las pantallas, la ciudad es sin duda un entorno muy propicio para la desolación. Miles, millones de personas van y vuelven del trabajo por pura inercia, sin un propósito que les salve, y muchas veces no tienen siquiera una oreja amiga que escuche su pesar.

Quizás nadie como el pintor Edward Hopper supo plasmar esa soledad urbana que nos conmueve, porque todos nos hemos sentido alguna vez como los protagonistas de sus estampas.

En *Habitación en Nueva York* vemos a un hombre postrado ante el periódico mientras su mujer se apoya aburrida en el piano, donde toca una sola tecla. Para mí, esa nota aislada simboliza el estado interior de la mujer, que se siente sin armonía ni acompañamiento alguno.

Un historiador del arte sugiere que esta misma pareja aparece, veinte años después, en la pintura *Hotel junto a las vías del tren*, donde la mujer de cabellos grises lee en la penumbra y el hombre, ya calvo, fuma delante de la ventana. Una larga vida de soledades compartidas.

El cuadro más célebre de Hopper, sin embargo, es *Nighthawks*, noctámbulos, que inspiró un largo poema a Joyce

Carol Oates y un disco entero a Tom Waits. Muestra un bar acristalado de forma curva donde están apostados una pareja que no conversa. En la imagen vemos también a un hombre de espaldas, absorbido por sus propios pensamientos mientras el camarero va faenando.

En su ensayo *La ciudad solitaria: aventuras en el arte de estar solo*, la escritora y crítica de cultura británica Olivia Laing afirma que: «Las ciudades pueden ser espacios muy solitarios y, cuando lo reconocemos, comprendemos que la soledad no es necesariamente lo mismo que el aislamiento físico, sino más bien la falta o deficiencia de conexión, relación estrecha o afinidad (…) Aunque parezca extraño, ese estado puede alcanzar su apoteosis en medio de la multitud».

Autosuficiencia

El sentimiento del que habla Laing puede provocar dos respuestas –a veces incluso ambas a la vez–: melancolía o soberbia. Esta última es una estrategia defensiva cuyo discurso viene a ser: «Sé que no le importo a nadie, pero a mí el mundo me trae sin cuidado».

En mi época *punk* y *afterpunk* había una canción que ejemplificaba muy bien esa actitud arrogante ante la propia desconexión. Era *Autosuficiencia* de Parálisis Permanente:

Me miro en el espejo y soy feliz.
Y no pienso nunca en nadie más que en mí.

Leo libros que no entiendo más que yo.
Oigo cintas que he grabado con mi voz.

En el apogeo de esta canción compuesta por Eduardo Benavente, que murió con solo 20 años en un accidente de coche, declara:

Ahora soy independiente.
Ya no necesito gente.
Ya soy autosuficiente.
Al fin.

Quizás, ese sería el verdadero deseo de muchos *nighthawks*, llegar al punto de no necesitar la aprobación ni la compañía de nadie. Aceptar y amar la propia soledad.

Decía Jean Paul Sartre que «Si te sientes solo cuando estás contigo mismo, estás en mala compañía», y quizás ahí se halle el quid de la cuestión. ¿Y si el deseo de estar arropado por los demás oculta la desconexión con uno mismo?

Esto no es un síndrome moderno, ya que hace cuatro siglos Blaise Pascal ya nos desafiaba con la pregunta: *¿Puedes permanecer en tu habitación sin hacer nada?* De ahí viene su famosa afirmación de que la infelicidad del ser humano viene de no saber estar consigo mismo en una habitación.

Tres cuartas partes del camino

Así como las personas con conflictos internos sin resolver tienden a estar en guerra con el mundo y a crear relaciones tóxicas, cuando te aceptas y amas como eres, dejas de necesitar parches sociales.

Sentirse solo entre la multitud, entonces, ya no tiene sentido. Como vasos comunicantes, cuanto más armoniosa es la relación que tenemos con nosotros mismos, más lo es con los demás.

En mi triste adolescencia, mi dedo siempre señalaba a los demás, a los que hacía culpables de ser un incomprendido. Hasta que, un día, mi primo Eloi, que era mi mentor existencial, me dio una buena lección.

En un intento de que me abriera al mundo, él a veces me llevaba con sus amigos –todos tres o cuatro años mayores que yo– a eventos culturales. En la tertulia posterior en un bar, yo escuchaba sin participar.

Admiraba en especial a un chico muy alto, de facciones amables, que era íntimo de Eloi. Me dolía que no me prestara atención, así que un día le confesé a mi primo:

–Tu amigo nunca me pregunta nada sobre mi vida. No se interesa por mí.

–¿Y te has interesado tú alguna vez por él? –fue su respuesta. *Touché*.

Esta simple pregunta me hizo abrir los ojos. Ciertamente, hasta entonces mi actitud había sido pasiva, esperaba que el mundo reconociera mis méritos. No entendía algo tan obvio como que podía tomar yo la iniciativa, lo cual generaría una corriente de empatía bidireccional.

Tal vez esto no suceda en el cien por cien de los casos, porque siempre habrá gente que no nos quiera, pero, por regla general, una actitud generosa y abierta a los demás genera una corriente amorosa de vuelta.

El Francesc que telefoneaba a la chica del lunar se sentía solo en el mundo, aislado en medio de la multitud, simplemente porque no había aprendido a dar. Y no sabía dar porque tampoco sabía qué tenía que ofrecer. No creía poseer ningún talento en especial, algo que no es cierto en ningún ser humano de este planeta.

Conseguí acabar con la pobreza relacional saliendo con un canasto lleno de amor para repartir.

Una vez preguntaron a Teresa de Calcuta:

–¿Qué puedo hacer cuando esté desanimado?

–Anima a otro –contestó.

Siguiendo esta sencilla regla, cuando te sientas solo, el remedio es acompañar a alguien que esté aún más solo que tú. Una oreja amiga atrae a una multitud de almas que necesitan explicarse.

Prueba de ello es que aquel chico que tenía uno o ningún amigo ha acabado haciendo más coautorías literarias que ningún otro autor. Y creo, además, que tengo el raro honor de haber sido el único amigo de muchas personas que no eran fáciles de tratar.

Volviendo a la pregunta con la que abríamos el capítulo, cada persona debe responderla desde su propia experiencia en este momento de su vida. A día de hoy, puedo decir que no me siento solo en la multitud. Sé que soy parte de esa multitud y que todos tenemos la necesidad de amar y ser amados.

Se trata solo de tomar la iniciativa.

Terminaré este capítulo con una anécdota que me encanta de un personaje inesperado para un libro inspiracional. En un vuelo transoceánico, hace unos años, leí en la edición norteamericana de la revista *Esquire* una entrevista a George Bush padre. Aparte de lo que podamos opinar de su política, para su reportaje, el periodista se centraba en cuestiones personales.

Le preguntaba, por ejemplo, cuál era el secreto de su largo matrimonio con Barbara Bush, con quien estuvo casado desde 1945 hasta su muerte en 2018. Cuesta de imaginar, pero permanecieron juntos 73 años. La respuesta de George me pareció maravillosa:

–Barbara y yo siempre hemos pensado que, si cada uno recorre tres cuartas partes del camino, en algún punto nos vamos a encontrar.

4. Por cierto, ¿quién soy yo?

Tal vez esta sea la reina de las preguntas y, pese a su aparente sencillez, la más difícil de responder. Desde la inscripción en el Oráculo de Delfos que invitaba al autoconocimiento, y su equivalente *Nosce te ipsum* de los romanos, seguimos interrogándonos sobre quiénes somos.

Como decía el guía espiritual Ramana Maharshi, la respuesta no es tu nombre ni tu linaje familiar ni tu profesión; es algo más profundo e indefinible. De hecho, conocerse a uno mismo es una tarea que puede llevar una vida entera.

¿Por qué nos resulta tan difícil?

Quizás porque nadie es más distinto a otro que uno mismo en un momento diferente de su vida. Las personas morimos y renacemos muchas veces a lo largo de una misma existencia. Cuando entramos en una nueva etapa, ante una crisis o enfermedad, tras una separación, una ruina o un traslado geográfico, nos embarga un sentimiento de reinvención.

Al cambiar nuestra situación y nuestros afectos, también cambiamos nosotros.

«Yo soy yo y mi circunstancia», decía el filósofo Ortega y Gasset. Lo que vivimos incide de forma relevante en lo que somos.

Sin embargo, tiene que haber una esencia inalterable dentro de toda persona, algo que permanece más allá de los embates de la vida. La pregunta es: ¿qué es esa esencia que me define?

Miedo a conocernos

No hay duda de que una de las vías más comunes al autoconocimiento es la meditación. Hace miles de años que el ser humano utiliza esta herramienta para encontrarse en el fondo de sí mismo.

Las tendencias más en boga hoy en día son el *Vipassana* y el *Mindfulness*. La primera, que significa «ver las cosas tal como son», fue promovida modernamente por Goenka, un industrial birmano que se curó las migrañas gracias a la meditación. El *Mindfulness*, popularizado por el biólogo molecular Jon Kabat-Zinn, es también sobradamente conocido.

No entraremos en la filosofía y práctica de ambas. Para ello hay ya cientos de obras publicadas. Volvamos a la cuestión que nos ocupa en este capítulo. ¿Puede la meditación ayudarte a saber quién eres?

En principio sí, aunque no es un camino fácil.

Me di cuenta de ello ya en mi primer retiro en Oseling, un monasterio budista Mahayana en la Alpujarra. Sin experiencia alguna en la meditación, hacia los treinta años me acogí a la experiencia de permanecer en soledad, una semana, en una casita aislada al borde de un precipicio.

En aquel pequeño habitáculo sin electricidad ni agua caliente, debía organizar mi jornada sin ocuparme de nada que no fuera yo mismo. El cocinero del monasterio proveía las comidas tres veces al día y dejaba la cesta a cierta distancia de mi puerta.

Para un urbanita como yo, acostumbrado a la ciudad y al contacto social constante, aquella semana de soledad y silencio era un reto mayúsculo. Por eso, en aquel primer retiro pedí al *sangha* que me dejara meditar con ellos por la noche antes de acostarme.

Tras acceder a ello, la monja al cargo de las visitas me confesó que casi la mitad de los principiantes huía la primera noche. Yo no entendía por qué, pero uno de los internos me lo explicó con cuatro palabras: «La mente te ataca», como expliqué en mis memorias.

¿Qué quería decir con eso?

Lo descubriría a lo largo de aquellas largas jornadas, sentado en mi almohadón de meditación.

Mientras te mantienes en el fragor del mundo, la mente tiene pocas o ninguna oportunidad de conocerse. Si en algún momento queda liberada entre dos tareas, enseguida nos encargamos de llenar ese espacio con cualquier cosa, aunque sea haciendo *scroll* en una red social.

El vacío parece estar vetado, por eso es tan sobrecogedor encontrarte contigo mismo con tu sola respiración.

En mi primer retiro, yo contaba con la muleta de unirme a la meditación nocturna al finalizar el día. Las dos siguientes que realizaría en ese mismo lugar serían distintas. Especialmente la tercera, con mi padre en la fase final de su enfermedad, me vi «atacado» por enormes oleadas de ansiedad. Me sentía culpable de estar allí, en mi casita de piedra, mientras el mundo tal vez requería de mi presencia.

Sin llegar a una situación límite como aquella, creo que todos somos verdaderos magos a la hora de poner trabas a la autoindagación, como la llamaba Maharshi.

El mismo Goethe, que reflexionó a lo largo de su vida sobre mil y un asuntos, no encontraba fácil ponerse a sí mismo en el punto de mira. En sus propias palabras: «¿Conocerme a mí mismo? Si lo hiciera, saldría corriendo espantado».

Meditar escribiendo

Con todo, el actual auge de la autoficción indica que cada vez nos interesa más conocer quiénes somos. Además de los cursos de escritura terapéutica o de *storytelling*, en los que los alumnos aprenden a «contarse», las obras biográficas han ido ganando adeptos.

Uno de los autores más leídos del mundo es Emmanuel Carrère, que en su *Yoga* empieza describiendo con gran detalle su retiro vipassana, que se ve interrumpido por un hecho dramático que no contaré para no *espoilearle*. Al iniciar el retiro, le advierten de que es muy peligroso interrumpir este programa de diez días.

Y, de alguna manera, el oráculo se acaba cumpliendo, porque en la tercera parte del libro cuenta su ingreso en un psiquiátrico, donde recibe *electroshocks* para tratar de apartarlo de las ideas de suicidio.

¿Tan difícil es llevarnos bien con nosotros mismos?

Pablo Neruda, a quien citaba en la introducción, decía que: «Algún día, en cualquier parte, en cualquier lugar, indefectiblemente te encontrarás a ti mismo; y esa, solo esa, puede ser la más feliz o la más amarga de tus horas».

El encuentro de Carrère consigo mismo debió de ser traumático, pero lo cierto es que la meditación no es la única vía al autoconocimiento.

Un camino más cómodo y progresivo es la escritura. Mi compañera de talleres Silvia Adela Kohan aconseja a quienes se están buscando que hagan un diario de 21 días. Es un ejercicio sencillo. Se trata de escribir cada día en un cuaderno cinco minutos exactos, preferiblemente a la misma hora. Hay que poner una alarma para que, una vez consumido el tiempo, dejar de escribir de inmediato, aunque sintamos ganas de seguir.

Completados los 21 días, se da por acabado el ejercicio y leemos de seguido todo lo redactado. El resultado será revelador, ya que en estas breves sesiones de escritura suele haber un hilo conductor. Hay ciertos temas que se repiten, o una idea de fondo, que palpita detrás.

Escribir nos ayuda a saber lo que pensamos sobre las cosas, también sobre nosotros mismos, lo cual nos puede ayudar, a su vez, a responder a la reina de las preguntas.

Si quiero saber lo que pienso de mi padre, por ejemplo, acudirán a mi mente en tropel toda clase de recuerdos y emociones. Nuestra relación no fue fácil y, por lo tanto, hay muchos eslabones perdidos en la cadena padre-hijo.

Pero si me propongo escribir lo que pienso de mi padre, la cosa cambia. De la maraña de hilos más o menos enredados que me unen a él voy a tener que elegir uno. Eso es así porque la mano –o las manos– va mucho más lenta que el torrente incesante de pensamientos.

Alguien calculó que tenemos 60.000 pensamientos al día, mientras que el máximo de palabras que puede escribir un humano normal está por debajo de las 10.000, y además girarían en torno a unas pocas ideas.

Al elegir un único hilo de la maraña, desechando muchos otros, logro descubrir qué es lo que pienso esencialmente de mi padre. El resto no elegido es ya superfluo. «Escribir es cribar», dice un aforismo de autor incierto.

El bueno, el feo y el malo

En 1871, Arthur Rimbaud remitió una carta al poeta Paul Demeny, a quien el joven escritor le había dejado leer su obra poética antes de publicarla. En su misiva le decía: «Porque Yo soy otro. Si el cobre se despierta convertido en corneta, la culpa no es en modo alguno suya».

Este fragmento inspiró en 2007 el título del ensayo de Richard David Precht *¿Quién soy yo… y cuántos?*

En una entrevista concedida a la prensa, el filósofo alemán afirmaba: «El concepto del yo está muy cuestionado. Por ejemplo, en las neurociencias podemos distinguir muchos estados diferentes. Lo que nosotros denominamos el yo es lo que se compone de muchos estados del yo diferentes. El yo no es un músico individual, sino que es toda la orquesta».

Una idea muy interesante. Si, como sugería Whitman en uno de sus poemas, el ser humano es inmenso y contiene multitudes, ¿cómo encontrar la propia esencia en un poliedro de infinitas caras?

Antes de intentar responder a eso, quiero señalar algo que me parece muy significativo. Cuando yo era niño, las películas que veíamos en el cine establecían una clara diferenciación entre buenos y malos. El héroe era noble y virtuoso, aunque se le disculpaba que pudiera ser mujeriego y vividor, como James Bond. El antagonista era siempre alguien depravado y vil, que quería destruir el mundo entero o cometer alguna atrocidad por el solo placer de causar dolor.

Gracias a los guionistas actuales, esta patraña ha terminado. Muchos personajes emblemáticos de series televisivas son buenos y malos a la vez; es decir, albergan el conjunto de posibilidades humanas. En *Cobra Kai*, por ejemplo, que narra las aventuras en la madurez de los protagonistas de *Karate Kid*, el antagonista más claro, el brutal senséi John Kreese, salva a una de sus alumnas de ser arrastrada a la prostitución por su casero.

Aplicado a cualquier vida individual, el bueno, el feo y el malo del *spaghetti western* de Sergio Leone viven dentro de cada uno.

Aunque nos cause repulsión pensarlo, un torturador despiadado puede ser un padre de familia modélico, así como puede haber curas castrenses en una religión cuyo quinto mandamiento es «No matarás».

El ser humano es pura contradicción. Más que eso, cada persona tiene mil caras, porque se muestra de forma distinta según los entornos, y porque, como en la física cuántica, todas las posibilidades conviven dentro de sí.

Esto complica mucho la respuesta a la cuestión de este capítulo, pero tal vez nos da una mucho mejor.

La ecuación del cambio

El psiquiatra norteamericano Thomas Szasz decía que: «a menudo las personas dicen que aún no se han encontrado a sí mismas. Pero el *sí mismo* no es algo que uno encuentra, sino algo que uno crea».

Esto es una excelente noticia. Aunque no sepa exactamente quién soy, sí puedo decidir quién quiero ser ahora, el poder creativo –y de autocreación– del que dispongo es enorme.

Otra cosa es la manera de hacerlo.

Casi todo el mundo sabe por dónde puede mejorar, porque el ser humano es por naturaleza autocrítico, pero chocamos constantemente con el *cómo*. Parece existir una distancia insalvable entre el propósito y su culminación.

También yo chocaba con estos muros, y todas las listas de acciones que anotaba no conseguían llevarme adonde yo quería. Hasta que un día tuve una conversación clarificadora con el amigo y filósofo Xavier Guix, que me explicó:

–Francesc, ¿sabes por qué la mayoría de libros norteamericanos de autoayuda nunca han cambiado la vida de nadie? Eso es porque se centran en aspectos prácticos, en cosas que tienes que hacer, en el *cómo*. Y con el *cómo*, especialmente si es de otro, no se logra ninguna transformación.

Me pareció una visión muy lúcida porque, ciertamente, por mucho que queramos aplicar las claves que tomemos de un libro, a los pocos días «la cabra tira al monte» y volvemos a nuestra inercia de antes. ¿Cómo se logra, entonces, la transformación?

Al preguntárselo a Xavier, me explicó lo que podríamos

llamar *la ecuación del cambio*, que consta de tres elementos: QUIÉN – CÓMO – HACIA DÓNDE.

En cualquier proceso de cambio, lógicamente lo primero que hay que saber es hacia dónde quieres ir. Si no tienes claro eso, como advertía Séneca hace dos milenios, ningún viento te será favorable.

Muchos adolescentes no saben lo que quieren. Lo bueno de la madurez es que, de tanto estrellarnos, la mayoría acabamos identificando ese *hacia dónde*.

Hasta hace poco, yo tenía un *hacia dónde*, pero no sabía por dónde empezar. Suele suceder en los momentos vitales en los que te propones un cambio de gran calado. En ese sentido, la conversación con Xavier Guix me hizo ver la luz.

–Una vez sabes el *hacia dónde*, con el *cómo* no lo vas a lograr si sigues siendo el mismo que repite los viejos patrones. La única forma de que se produzca la transformación es cambiar el *quién*.

O sea, le vine a decir que si dejas de ser quien eras y te atreves a vivir como alguien distinto, totalmente enfocado en lo que quieres lograr, entonces todo cambia.

–Exacto –me dijo–, si el *hacia dónde* está claro y el *quién* se transforma para lograrlo, entonces el *cómo* viene solo. No necesitarás hacer listas de ningún tipo. Encontrarás de forma natural, sin demasiado esfuerzo, los caminos que te llevarán adonde quieres.

Sabido esto, repito la pregunta reformulada: ¿quién quieres ser a partir de ahora?

.

5. ¿Existe un destino?

Siempre he estado en contra de la idea de que «todo está escrito» y que, por lo tanto, somos meras marionetas de un destino que no conocemos. Tal vez por eso, nuestros talleres de escritura se llaman «Nada está escrito».

Al igual que la hoja en blanco nos da libertad para crear, la existencia es un inmenso papel en el que plasmar el argumento de nuestra vida. Nadie morirá por nosotros, como decía Quevedo. Por consiguiente, no podemos dejar el destino en manos de un misterioso agente externo.

Pido disculpas por haber empezado el capítulo dando mi propia solución a la pregunta. Espero, en todo caso, no condicionarte en tu respuesta a esta quinta cuestión.

Stephen Hawking, que era racional como pocos, decía al respecto: «Incluso la gente que afirma que no podemos hacer nada para cambiar nuestro destino mira antes de cruzar la calle».

La teoría del caos

Este paradigma que se utiliza en matemáticas, física, economía y otras ciencias apoya la idea de que el destino no es un caprichoso mecanismo del azar, sino que lo vamos definiendo nosotros mismos con cada una de las decisiones que tomamos.

La teoría del caos sostiene que cualquier pequeña variación en las condiciones iniciales, debido a la concatenación de causas y efectos, puede implicar grandes cambios en el futuro. Esto explica por qué hay tantas predicciones equivocadas sobre lo que sucederá, como demostró la llegada por sorpresa del coronavirus.

Por lo tanto, la vida –la de todos y la de cada uno– es imprevisible. Me parece una buena noticia. Todo está por hacer, entonces.

Si lo que decidimos en cada momento desata un torrente de consecuencias, conocido popularmente como el «efecto mariposa», cada pequeña acción tiene profundas implicaciones en el futuro, y eso puede llegar a aterrarnos.

Asumir que «el débil aleteo de una mariposa puede causar un huracán a miles de millas de distancia» nos llena de responsabilidad, sobre todo cuando sabemos que la decisión que tomamos va a marcar la diferencia.

No podemos controlar los resortes del azar, como en la película *Corre, Lola, Corre*, en la que la protagonista obtiene resultados diferentes, en la misión de salvar a su novio, según sale un segundo antes o un segundo después. Sin embargo, hay momentos cruciales en los que sabemos que nuestra decisión fija un nuevo rumbo.

¿Será para bien o nos va a arruinar la vida?

Esa es la cuestión. El drama es que hay consecuencias que no veremos hasta años después. Y, aun así, hay que decidirse. Como dice el psicólogo Josep Antoni Bolinches: «En la madurez, cada persona necesita tomar de 10 a 12 decisiones cruciales que marcarán su destino como ser humano. Decisión crucial es aquella que supone un antes y un después en tu vida, ya que afecta a todas las áreas de tu existencia».

Al asumir la responsabilidad sobre nuestro destino, acabamos mirando atrás y sentimos la tentación de editar el pasado. *¿Y si no hubiera hecho esto o aquello? ¿Y si me hubiera atrevido a…?*

La vida no vivida

En una de mis *Monday News*, el blog que intento escribir los lunes, mencionaba una cita de C.G. Jung que le gusta mucho a mi amigo Álex Rovira: «La vida no vivida es una enfermedad de la que se puede morir».

Una novela que leí el año pasado me recordó poderosamente esta idea. Se trataba de la novela de Matt Haig –ganadora del premio GoodReads 2020– *La biblioteca de medianoche*. Nora, su protagonista, es una joven desquiciada por todas las vidas que decidió no vivir:

- La carrera de nadadora olímpica, que interrumpió con gran disgusto para su padre.
- La boda con su novio, a quien iba a acompañar en su sueño

de regentar un *pub* en la campiña inglesa, pero se echó atrás dos semanas antes.

- La oportunidad de triunfar con una banda junto a su hermano, de la que se «bajó» justo cuando les ofrecían un contrato discográfico.
- Una aventura en Australia junto a su mejor amiga, que insistió sin éxito para que se trasladara allí con ella.

Hundida en una existencia miserable, antes de intentar quitarse la vida, Nora se hace la fatídica pregunta: *¿qué habría pasado si…?* Y da por supuesto que cualquiera de esas vidas habría sido mucho mejor que su situación actual.

Tras tomar un cóctel de pastillas para acabar con todo, aparece en una biblioteca que se halla entre la vida y la muerte. Todos los libros allí son las vidas que podría haber tenido de haber tomado otras decisiones, y una eficiente bibliotecaria la ayuda a encontrarlos.

Cada vez que abre un libro va a parar a una vida no vivida y descubre allí qué habría pasado si…

¿Quién no ha fantaseado alguna vez con sus vidas no vividas?

Yo mismo me he planteado a menudo qué habría pasado si…

- hubiera hecho el doctorado de Filología Alemana, como era mi intención;
- hubiera aguantado el *mobbing* en la editorial de autoayuda donde trabajaba, en lugar de renunciar y marcharme a la India.

Desde mi situación actual, estas posibilidades me parecen poco apetecibles, pero en su momento sentí que se abría un abismo bajo mis pies, al salir del camino que el destino parecía haberme reservado.

¿Cuáles serían tus libros más interesantes en tu biblioteca de medianoche?

Esto me lleva a formular otra pregunta: ¿Y si todas las existencias que podríamos haber vivido fueran, en realidad, una sola? ¿Y si estamos condenados a repetir los mismos errores y aciertos en cualquier vida que tengamos?

En su poema *La ciudad*, Constantino Kavafis lo exponía de este modo hace un siglo:

Dices: «Iré a otra tierra, hacia otro mar,
y una ciudad mejor con certeza hallaré.
Pues cada esfuerzo mío está aquí condenado,
y muere mi corazón
lo mismo que mis pensamientos en esta desolada languidez.
Donde vuelvo los ojos solo veo
las oscuras ruinas de mi vida
y los muchos años que aquí pasé o destruí».
No hallarás otra tierra ni otro mar.
La ciudad irá en ti siempre. Volverás
a las mismas calles. Y en los mismos suburbios llegará tu vejez;
en la misma casa encanecerás.
Pues la ciudad es siempre la misma. Otra no busques -no la hay-
ni caminos ni barco para ti.
La vida que aquí perdiste
la has destruido en toda la tierra.

Entonces... ¿por dónde tirar?

Las personas que caen en la llamada parálisis por análisis, cuando han de tomar decisiones cruciales, dejan de ser dueñas de su destino; simplemente se quedan paradas en un punto mientras el mundo va girando.

Al no tomar la iniciativa por miedo a equivocarse, van a remolque de los acontecimientos. ¿Qué hacer sin embargo cuando vamos perdidos y no sabemos qué hacer?

Para encontrar guía en esta cuestión voy a rescatar un clásico de la literatura psicodélica, *Las enseñanzas de Don Juan*, del enigmático antropólogo Carlos Castaneda.

Los diez cuadernos escritos por su autor tras un encuentro con un indio en 1960, en un autobús Greyhound que iba de Los Ángeles a Nogales, cristalizarían en una obra que no solo fascinó a los hippies y psiconautas de su época. Fellini tuvo en proyecto llevar al cine las aventuras de Castaneda, y George Lucas era otro gran admirador de este libro iniciático, que empezó a causar furor con su publicación en 1968.

El que probablemente sea el momento más célebre del libro nos ayuda a resolver los momentos de duda o encrucijada existencial. Y lo hace a través de una pregunta muy simple y directa:

¿Tiene corazón este camino? Si lo tiene, el camino es bueno; si no, de nada sirve. Ningún camino lleva a ninguna parte, pero uno tiene corazón y el otro no. Uno hace gozoso el viaje; mientras lo sigas, eres uno con él. El otro te hará maldecir tu vida. Uno te hace fuerte; el otro te debilita.

Una vez hemos tomado ese camino con corazón, los problemas no se acaban. Simplemente sabemos que fue la mejor elección que teníamos en nuestro momento vital, en este destino que vamos construyendo paso a paso.

En ese camino hay consecuencias, y también aprendizajes. En palabras de Castaneda: «Lo que se aprende no es nunca lo que uno creía (…) El conocimiento no es nunca lo que uno se espera».

¿Y qué sucede cuando, años después, llegamos a la conclusión de que aquello que decidimos no fue acertado, porque dañamos a otras personas o a nosotros mismos?

Todo el mundo acarrea episodios de los que no se siente del todo orgulloso. ¿Cómo reparar los estropicios del pasado?

Según el sacerdote y escritor Pablo d'Ors, que ha alcanzado gran popularidad con su *Biografía del silencio*, lo primero que debemos hacer es desprendernos de la culpa. Lo argumenta así:

> Desde mi presente –e intento concretar–, no puedo condenar a quien fui en el pasado por la sencilla razón que de que aquel a quien ahora juzgo y repruebo es otra persona. Actuamos siempre conforme a la sabiduría que tenemos en cada momento, si actuamos mal es porque, al menos en ese punto, había ignorancia.

Amén.

Lo segundo que podemos hacer, añado, es corregir nuestro rumbo para que nuestro camino, además de tener corazón, sea amable para con los demás y con nosotros mismos. Eso es lo bueno del destino, una vez nos ocupamos de él, que va tomando forma momento a momento y no termina hasta que exhalamos el último suspiro.

Como dice la sabiduría árabe, lo que has sido –o podrías haber sido– no cuenta, sino lo que serás a partir de ahora.

6. ¿Y si el dolor del mundo me sobrepasa?

Seguro que a veces sientes que el mundo te da pena: al observar a una persona mayor que ha perdido su autonomía y cómo la pasea un inmigrante bajo el sol de invierno; cuando te das cuenta de que has consumido buena parte de tu existencia, y lo que te queda por vivir es cada vez menos; viendo el sufrimiento de los niños en algún lugar del planeta; o ante el crecimiento sin freno de la población planetaria y del calentamiento global, e incluso porque has visto en la calle un pájaro tembloroso que espera la muerte.

Ciertamente, hay muchos motivos por los que deprimirse si uno se ocupa de buscarlos. Y no es un mal de los tiempos modernos.

Siempre que, en una entrevista, algún periodista me pregunta sobre la degradación de los valores hoy en día, le contesto algo así:

–¿A qué valores del pasado se refiere? Cuando yo iba a la escuela, en los años 70, las pandillas de adolescentes atracaban a punta de navaja. Había yonquis en la calle con la jeringa colgando del brazo. Entre las dos guerras mundiales se mató a más de 120 millones de personas. Y si nos vamos a la época de los romanos, lo divertido entonces era ver cómo los gladiadores se destrozaban entre sí o los desmembraba una fiera. ¿Qué valores dice que hemos perdido?

No me cabe duda de que el mundo siempre ha sido un pozo de dolor; lo que ha ido cambiando son las maneras de vivirlo. Hace más de dos mil años, el Buda ya pronunciaba su clásico: «El dolor es inevitable, el sufrimiento es opcional».

Con ello quería decir que el dolor es omnipresente en nuestra vida. La enfermedad, el envejecimiento y la muerte están siempre ahí. Lo que distingue a unas personas de otras es cómo los abordamos.

Sufrimos debido a nuestra interpretación del dolor, incluso cuando el dolor aún no se ha producido. Pensar que algún día no nos valdremos por nosotros mismos nos produce miedo y tristeza, aunque aquí y ahora nos encontremos perfectamente. Eso es el sufrimiento.

La receta a la que llegó el Buda tras su larga exploración es que la semilla de todo dolor es el deseo, en cualquiera de sus formas:

- El deseo de tener lo que no tengo.
- El deseo de no tener lo que tengo (una determinada familia, condición física, edad, situación económica, mental, lo que sea).
- El deseo de que el mundo sea distinto de lo que es.

Podríamos extendernos mucho sobre todo esto, pero nos iríamos del tema. Muy resumidamente, la solución que daba el Buda para la extinción del deseo es el desapego, es decir, dejar de desear y de apegarse a las cosas.

Si somos capaces de vivir como si ya lo hubiéramos perdido todo, entonces podemos instalarnos en la fiesta del aquí y ahora.

Eso por lo que respecta a uno mismo. Pero… ¿qué sucede cuando lo que nos causa dolor es el estado del planeta y sufrimos por nuestros seres queridos –por ejemplo, por el legado que dejamos a nuestros hijos– y por el mundo entero?

El problema se agudiza en las personas especialmente sensibles y empáticas, o las que tienen como oficio trabajar con el padecimiento humano.

El desgaste por empatía

Este término fue acuñado por Charles Figley en 1982. Con ello, este profesor de psicología designaba el agotamiento de las personas que ayudan a otras en una situación traumática.

Los sanitarios de todo el mundo vivieron en propia piel este síndrome durante la primera oleada de la pandemia, en la que se vieron obligados a doblar turnos –al principio sin la protección necesaria– y prestar su ayuda en un entorno apocalíptico.

Imaginemos la sobrecarga emocional que debieron de sufrir cuando, al agotamiento físico, se sumaba presenciar que muchas personas morían aisladas y sin poder despedirse de sus familiares. Encajar todo ese padecimiento sin cuartel multiplicó las causas de *burn-out*.

Tal como señalan los profesionales, la fatiga por compasión puede derivar en episodios de estrés, ansiedad o culpa por no poder hacer más, lo cual se traduce en insomnio, migrañas, dolores musculares y desórdenes gástricos, además de los propios trastornos del estado de ánimo.

En una dimensión mucho más modesta, las personas que acompañan a familiares o parejas que sufren –con o sin motivo racional– también pueden sufrir desgaste por empatía. Por contagio emocional, acabamos arrastrados al universo doliente del otro.

Todos lo hemos experimentado en alguna ocasión, cuando pasamos tiempo con una persona negativa y victimista. Al salir del encuentro, nos sentimos drenados, sin fuerzas, tal vez incluso pesimistas sobre la vida y sobre nuestro propio futuro.

¿Cómo debe de ser, entonces, el contacto diario con el sufrimiento ajeno, sea por profesión o por compasión?

Según escribió mi buena amiga Jenny Moix, psicóloga y escritora: «No todos controlamos igual las emociones. Algunas personas son capaces de ponerlas en un cajón, en una mochila, esto es, les dejan un espacio limitado. No las eliminan; muy al contrario, las reconocen, lloran si hace falta, las explican a algún amigo… Sienten la rabia, la pena… Las miran, no las evitan, no huyen. Los sentimientos que soslayamos se vuelven más borrosos y se desbocan con más facilidad».

Superar las metaemociones

Ahí tenemos una clave: entender y aceptar lo que estamos sintiendo es un primer paso hacia la liberación. Darnos permiso para estar tristes, porque hemos empatizado con alguien o con una situación determinada, nos salva de algo peor: la metaemoción. Es la emoción que sentimos debido a que estamos sintiendo cierta emoción.

No es un trabalenguas. Puedo explicarlo con un ejemplo muy sencillo.

Pongamos que estoy pasando por una época complicada de mi vida, quizás porque me he arruinado, porque una larga relación sentimental ha terminado, o simplemente porque estoy bajo de moral y no sé por qué. Quizás en este momento me falta la energía necesaria para vivir.

Si a estas emociones les sumo el sentimiento de culpa por estar así, por ejemplo, porque no soy capaz de mostrarme alegre en compañía de otros, entonces el problema es doble. Estoy triste y, además, me siento triste por estar triste. Tristeza al cuadrado.

La metaemoción hará que luche contra lo que estoy sintiendo. Trataré de mostrarme contento cuando estoy desanimado, de aparentar interés cuando me siento apático. Y ya sabemos que aquellas emociones que rechazamos se refuerzan.

Por lo tanto, antes de volver a la pregunta de este capítulo, apliquemos esta máxima de la terapia Gestalt: *déjatelo sentir*.

Con eso tenemos ya mucho ganado.

Está bien no estar bien

Muchas veces, nuestro sufrimiento tiene su causa en que el cristal con el que miramos la vida está sucio. Se ha vuelto incluso opaco por el polvo acumulado en caminos que no llevaban a ningún sitio. Nos sentimos en la oscuridad. Sin embargo, esa tiniebla es solo provisional hasta que hallemos el disolvente que le devuelva su transparencia.

Hay diferentes fórmulas para limpiar ese cristal, pero en todas ellas un componente es el amor. El amor por alguien, por un nuevo proyecto, por uno mismo, por la vida hace caer la mugre para que la luz de la vida nos vuelva a encender los ojos.

Ese amor, sin embargo, no se puede apresurar ni precipitar. La oscuridad que nos separa del mundo tiene su razón de ser. Es como un capullo que nos protege mientras, como la mariposa, nos vamos convirtiendo en otra cosa; una celda de retiro para comprender lo que hemos vivido y, más importante aún, lo que queremos vivir. Es por algo y para algo por lo que nos encontramos aquí.

Lejos de la creencia absurda de que hay que ser felices de forma permanente, la vida es un juego de claroscuros. Hay momentos para brillar y momentos para permanecer en la cripta, recubiertos de tristeza, para fabricar nuestras próximas alas.

Por esta razón, me resulta admirable y didáctico que personas en la cima del éxito como Naomi Osaka –la primera tenista japonesa en ser n.º 1 del mundo– se atrevan a reconocer que pasan por un periodo de ansiedad o depresión, y se aparten del ruido del mundo bajo el lema: *está bien no estar bien*. Este fue el titular de la revista *Time*, con ella en portada mostrando una mirada triste pero llena de belleza y dignidad.

Para que este cristal oscuro se vuelva transparente, a mi entender, son necesarias tres cosas: aceptación, amigos y tiempo.

Aceptación de quién eres y dónde estás en este momento de tu vida, sin tratar de escapar de forma artificial ni acelerar el proceso. Amigos pacientes que sepan escuchar y acompañarte sin juzgar ni dar recetas, que no te empujen a hacer lo que aún no estás preparado para hacer, porque el tercer ingrediente es el tiempo: al igual que en la naturaleza, las cosas siguen su curso natural.

Yo tuve buenos amigos durante mi tiempo en la cripta y ahora trato de acompañar a quienes se hallan en la oscuridad. En mi WhatsApp suelo tener anclado al menos un contacto para acordarme cada día de hablar con esta persona, aunque solo sea para comentar un libro que le he enviado o una película que estamos compartiendo.

Cuando la persona empieza a retrasar sus respuestas o lo hace de forma más escueta, entiendo que ya no necesita acompañamiento diario y le quito el ancla al contacto. Su cristal se ha aclarado lo suficiente para que la luz gane terreno a las sombras. Es cuestión de tiempo que se reintegre totalmente a la vida.

Como decía el maestro H.D. Thoreau, «cuando estás tranquilo y preparado, encuentras una compensación en cada decepción».

Al loro, que no estamos tan mal

El temperamental Jan Laporta, presidente del F.C. Barcelona en dos mandatos distintos, tuvo un momento muy recordado en abril de 2008. Tras una segunda temporada sin títulos, y ante la marcha de la estrella del equipo, Ronaldinho, y del entrenador, en un encuentro con peñistas del club pronunció la ya célebre frase «¡Al loro, que no estamos tan mal!».

Y el tiempo le dio la razón, porque el siguiente entrenador fue Pep Guardiola, que originaría el mejor Barça de toda la historia.

Todo empezó, quizás, con esa visión irrealmente optimista que se transmitió a los socios, el entrenador y el equipo.

Sin negar todas las calamidades e injusticias de nuestro mundo, para que nos deje de doler y hagamos algo para mejorarlo es útil centrarnos en lo que está bien; eso nos impulsará hacia lo que es posible.

Contra el tono pesimista de la mayoría de autores, en el 2018 se publicaba el ensayo *Factfulness*, en el que el médico sueco Hans Rosling aportaba datos objetivos para ser optimistas con el estado del mundo.

Exceptuando el cambio climático, que siempre ha ido a peor, en su libro recogía estadísticas positivas sobre la evolución de la humanidad. El aumento de la esperanza de vida y el cada vez mayor porcentaje de niñas que son educadas en los países pobres, por poner solo dos ejemplos, demuestran que el mundo tiende lentamente a la mejora en casi todos los aspectos.

¿Por qué entonces las noticias suelen ser tan alarmistas?

Para Rosling, el pesimismo generalizado se debe a una visión distorsionada de la realidad, que maneja datos parciales o no actualizados, a la que se suma una política de información basada en la explotación del miedo.

Progreso no equivale a destrucción, sino a todo lo contrario, sostiene este autor.

Sobre la idealización del mundo salvaje y la condena de la civilización, la filósofa y escritora Ayn Rand añadía: «Incluso si la contaminación es un riesgo para la vida humana, debemos recordar que la vida en la naturaleza, sin tecnología, es un matadero al por mayor».

La amabilidad humana

Hay pocos libros como el de Rosling, que entusiasmó tanto a Bill Gates que decidió regalarlo a todos los universitarios de Estados Unidos que terminaran su carrera aquel año.

Recientemente, Rutger Bregman, un joven historiador holandés, ha presentado otra visión esperanzadora de la humanidad. El título en inglés de su libro, *Humankind*, juega con las expresiones «especie humana» y «humano amable» si tomamos cada parte de la palabra separadamente.

Sostiene que, además de los filósofos que nos han legado una visión negativa sobre nuestra especie, muchas de las pruebas y experimentos para demostrar la maldad humana están manipulados para obtener ese resultado.

Estamos viviendo en la era más rica, segura y saludable de la historia, asegura. Si no nos damos cuenta de ello es porque, tal como decía Rosling, las noticias solo se interesan por lo excepcional, como un ataque terrorista o la eclosión de un volcán.

A veces, nuestra visión fatalista de la humanidad viene del mundo de la ficción. Rutger toma como ejemplo *El señor de las moscas*, publicado por William Golding en 1954. Contra esta percepción de la crueldad humana desde la infancia, el historiador antepone una historia real acaecida en la década de 1960 y que tuvo un resultado muy distinto, en términos de calidad humana.

La aventura fue protagonizada por seis adolescentes de Tonga que, tras robar una barca, acabaron naufragando y se refugiaron en un islote pedregoso y deshabitado del Pacífico, donde sobrevivieron quince meses.

En lugar de desplegar la brutalidad de la novela de Golding, los jóvenes cooperaron de forma pacífica y amistosa todo el tiempo. Se organizaron para alimentarse de peces, huevos y cocos y crearon incluso una especie de gimnasio y un campo de bádminton.

Sobrevivieron en armonía todo ese tiempo hasta que, milagrosamente, un capitán australiano los vio y pudo rescatarlos.

¿Podemos seguir creyendo a Hobbes, que sostenía que el hombre es malo por naturaleza?

Lo que el mundo necesita

Retomando nuestra pregunta para acabar, me gustaría añadir una reflexión de Héctor García, mi compañero de aventuras japonesas. Siempre que hacemos presentaciones *online* de *ikigai* –la mayoría de ellas en la India–, cuando surge la cuestión de qué hacer con un mundo que no tiene solución, él responde algo así:

–Es un error ver la *big picture* y pensar que no puedes hacer nada ante la magnitud de la tragedia. Esa clase de pesimismo es una excusa para no hacer nada. El cuarto círculo del *ikigai*, que llamamos «lo que el mundo necesita», no se refiere a mitigar los padecimientos de un millón de personas, aunque sería genial poder hacerlo. Se trata de aliviar el sufrimiento de las personas que tienes más cerca, aunque solo sea acompañar a alguien que se siente solo.

Dicho de otro modo: si no te ocupas de lo pequeño, tampoco lo harás con lo grande.

Al asumir nuestra pequeña parte, día a día, de lo que el mundo necesita, dejamos de sufrir. Porque sufrir es aquello que sucede, en nuestro universo mental, cuando no estamos haciendo.

7. ¿Por qué dura tan poco la felicidad?

Uno de los viajes más extraños que he hecho fue mi primera y única visita a Marruecos hasta la fecha. Tuvo lugar en 1991, durante la Guerra del Golfo. Debido a la inestabilidad que se percibía en los países árabes, éramos los únicos turistas allí donde íbamos.

Con tres amigos fuimos en autobús desde Algeciras y allí tomamos el ferry a Tánger. En esta ciudad fue imposible pasear por la medina, ya que nos vimos rodeados de guías que trataban de llevarnos de forma muy agresiva a tiendas donde obtenían comisión.

Algo parecido nos sucedió en Fez, donde dedicamos más tiempo a huir de los vendedores de chilabas que a conocer el zoco.

No pudimos descansar hasta llegar a Asilah, un pueblo de pescadores donde teníamos alojamiento para varios días. Nos hospedamos en una villa en las afueras, muy cerca de una playa compuesta por enormes dunas. Allí fumamos toda clase de hierbas que nos vendía el personal del hotel, jugábamos al parchís y leíamos libros con la cabeza embotada.

Una tarde que mis compañeros de viaje dormían, salí a pasear solo por aquellas largas y onduladas montañas de arena. Me senté sobre un lugar elevado, y, entonces, empezó a soplar un fuerte viento. Fascinado, vi que las dunas no eran fijas, sino que se movían lenta y constantemente, como olas vivas de arena que mutan de forma a cada instante.

Solo, en medio de aquel paisaje que cambiaba momento a momento, la felicidad que sentía enseguida se tiñó de una tristeza que no me podía explicar. Estaba de vacaciones con mis mejores amigos, presenciando un espectáculo que era solo para mí, y ahora me sentía abatido.

¿Por qué?

La explicación de Eloi

Creo que no encontré respuesta a eso hasta que le comenté el episodio a Eloi, mi primo y mentor, que entendió enseguida lo que me había sucedido:

–Estabas triste porque no podías retener el momento.

Me pareció tan acertada esta explicación que la puse en boca de la protagonista de *Un haiku para Alicia*, mi primera novela juvenil. A Alicia le apasionan los haikus justamente porque plasman instantes que de otra manera se perderían para siempre.

El viejo estanque,
salta la rana,
el ruido del agua.

El poeta Basho captura ese momento volátil, consigue inmortalizarlo. Sin embargo, si no eres un escritor de haikus, o tienes otra manera de atrapar los momentos, es posible que sientas que la felicidad solo dura un instante. Y podemos pensar que es una gran injusticia, ya que la contemplación de algo bello o una buena noticia nos procura una felicidad fugaz; en cambio, un correo grosero escrito por cualquier idiota puede provocarnos largas horas de infelicidad, a veces días.

¿Por qué los impulsos negativos se asientan mejor en la memoria que los positivos?

La única respuesta que se me ocurre es que los primeros son mucho más útiles para la supervivencia. Recordar lo malo nos permite tener presentes los peligros para no caer en ellos.

Un hombre primitivo que oliera una exuberante flor olvidaría enseguida ese aroma, pero el ataque de un oso al pasar junto a su cueva quedará grabado a fuego en su mente.

Ahora, dado que ya no estamos en modo supervivencia, ¿podemos invertir este proceso? ¿Es posible alargar el disfrute de lo bueno y pasar página cuanto antes de lo malo?

Para llegar ahí, veamos primero cuáles son los boicoteadores de los buenos momentos.

Hace un día precioso

Durante quince años viví en la pequeña calle Tagamanent, en el barrio gitano de Gràcia. En la esquina con Plaça Raspall, había un bar llamado Resolís con un propietario, el payo Joaquín, que era genio y figura.

A veces se peleaba en broma con los clientes o empezaba a gritar. Cuando televisaban un partido de fútbol del Barça, si marcaban un gol salía corriendo a la plaza y hacía explotar un enorme petardo.

La decoración del local era como en tantos otros bares de barrio, con una amalgama de recuerdos que colgaban de las paredes. Cuando me sentaba a la barra, siempre me fijaba en una baldosa con un loro pintado y el lema *Hace un día precioso, verás como viene alguien y lo «jode»*.

Tal vez por mi pasado como editor, nunca entendí lo de las comillas. En cualquier caso, en este ejemplo de sabiduría popular –si lo podemos calificar así– está la clave de por qué dura tan poco la felicidad.

Si hace un día precioso, pero estás anticipando que vendrá alguien a arruinarlo, te será imposible disfrutar de él. No nos extrañemos, entonces, de que la dicha dure un instante. Al anticipar la pérdida, ya hemos perdido el goce.

Un ejemplo práctico sería la persona que, tras un largo desierto sentimental, encuentra por fin el amor, pero no puede disfrutar de él porque teme perderlo. Se vuelve celosa, sospecha de todo el mundo, hasta de su propia pareja. Con ello, la relación se acaba volviendo tóxica y se destruye, sin la necesidad de otro agente hostil que no sea el propio miedo.

Hace años conocí a un hombre que, aunque la vida le iba razonablemente bien, era incapaz de gozar de nada a causa de este miedo a la pérdida.

Tras muchos años queriendo comprar su propio hogar, encontró una promoción inmobiliaria justo en el lugar de la ciudad que más le gustaba. Tenía suficiente dinero ahorrado para dar la entrada del apartamento que se construiría en el futuro bloque, así que aprovechó la oportunidad.

Aunque no le entregarían las llaves hasta al cabo de dos años, todo ese tiempo estuvo sufriendo por lo que podía suceder hasta que llegara el momento de pedir la hipoteca, cuando el piso estuviera terminado y hubiera que pagarlo. Manteníamos conversaciones de este tipo:

−Tienes un buen sueldo −le decía yo−, y además tu trabajo en el sector tecnológico es muy especializado. Nunca te faltará un empleo.

−Pero… ¿y si pierdo el trabajo justo cuando llega el momento de firmar la hipoteca? −me decía alterado−. Aunque luego pueda encontrar otro empleo, ningún banco dará una hipoteca a alguien que se ha quedado en paro. Entonces perdería la entrada y el piso se lo quedaría otro.

Esta persona que tanto se come el coco es un *crack* en lo suyo, así que su profecía catastrofista nunca se cumplió. Cuando llegó el momento de firmar la hipoteca, seguía trabajando de sol a sol en la misma empresa.

Al enseñarme su nuevo piso, que tenía una flamante vista al mar, le dije:

−¿Ves como todo ha ido bien? Ahora tienes la casa de tus sueños y te han concedido la hipoteca.

−Sí, pero si mi empresa va mal y me echan…

−Entonces cobrarás indemnización y dos años de paro.

−Ya, pero… ¿y después? Si no encuentro nada, el banco ejecutará mi casa.

Tras varios debates como este, me di cuenta de que no es posible cambiar el rumbo mental de una persona que ha decidido sufrir.

Para prolongar la felicidad

Recapitulando, anticipar la pérdida de lo que tenemos acorta la felicidad de forma drástica. Otra manera de destruirla es el análisis continuo, comparaciones incluidas.

Si inmediatamente después de comprarme un coche empiezo a pensar si habría sido mejor comprar otro modelo, o, peor aún, si empiezo a comparar mi nueva adquisición con otros coches mejores o simplemente distintos que tienen mis amigos, entonces la felicidad se desvanece.

En el siglo XIX, el novelista norteamericano Nathaniel Hawthorne dijo al respecto: «La felicidad es como una mariposa: si la persigues, nunca consigues capturarla; pero si la tranquilizas, incluso puede que se pose sobre ti».

Entendido todo esto, ahora que sabemos lo que destruye la felicidad, volvamos a plantear la pregunta en positivo: ¿cómo podemos prolongar la felicidad?

Mi respuesta es: compartiéndola.

Cada vez que muestras a alguien aquello que te hizo feliz, revives esa misma sensación agradable. Esta es la razón por la que hay películas que he visto una decena de veces, cada vez con un amigo distinto. A través de los ojos del otro, vuelvo a disfrutar de aquellas escenas que me emocionaron.

Por no hablar de los libros, al que dedicaré el último apartado de este capítulo.

El hombre que regalaba libros

Decía Charles Baudelaire que «un libro es un jardín, un huerto, un almacén, una fiesta, una compañía, un consejero, una multitud de consejeros». En uno de mis artículos del lunes, hablé de la muerte de un lector de Mallorca con quien yo había conversado una sola vez. Sabía por su hija que tenía muchas obras mías y que compartía mi misma pasión: regalar libros.

Desde que se había jubilado, Martí atesoraba en casa un arsenal de títulos que iba repartiendo, a modo de botiquín terapéutico, entres sus amigos y conocidos. Según el momento vital de cada uno, les entregaba el libro que podía ir mejor para su alma. De hecho, cada mañana salía a visitar a distintas personas a las que hacía de mentor.

Tras su muerte, la hija me comentaba que llegó a su casa una enorme caja de libros que él había encargado para seguir con su misión vital.

A una escala mucho menor, cuando descubro una lectura que me parece deliciosa, también yo empiezo a comprarla para mis amigos como un evangelista que distribuye biblias.

Este acto aparentemente generoso tiene su parte egoísta. Estoy prolongando mi propia felicidad. Si una lectura me ha entusiasmado, dar el libro a un buen amigo me brinda la posibilidad de, más tarde, poder comentarlo con él o ella y revivir de nuevo el placer.

La felicidad se multiplica al compartirla.

8. ¿Es posible dejar de desear?

En capítulos anteriores hemos visto la relación entre el deseo y el apego. Junto con las cosas, adquiero el deseo de no perderlas, de que no se degraden, incluso de no perder interés por ellas.

Sin embargo, hay una clase de deseo que es intrínsecamente efímero: el que tiene que ver con gran parte de las cosas que adquirimos. Sobre todo, cuando esa compra es solo una compensación por una vida insatisfactoria.

El ejemplo más claro lo encontramos en las personas que tienen trabajos con los que no se identifican o que han dejado de amar.

Un amigo diplomático, que estuvo destinado varias veces en Estados Unidos, me decía que la forma de pasar los sábados de la mayoría de las familias de su barrio era ir al *mall* a comprar ropa.

—Pero si eso es cada sábado… ¿qué hacen con tanta ropa?

—Buena parte queda acumulada en los armarios y no se la ponen nunca —me aseguraba.

Lo que quedó del naufragio

En las últimas décadas han aparecido muchos autores que han divulgado el minimalismo como forma de simplificar la vida y aclarar el camino a la felicidad. En el próximo punto veremos algunos de ellos. No puedo asegurar que tener pocas cosas sea garantía de felicidad, pero sí está claro que acumularlas complica nuestra existencia, y también la de quienes vienen detrás.

Me vi enfrentado de forma dramática a este hecho tras la muerte de mi madre, hace algo más de una década. Dado que mi padre había fallecido unos años atrás, el dueño del piso de alquiler pidió que le devolviera la propiedad, pero que antes vaciara la casa de muebles y objetos. Creo que la palabra técnica que se usa es expedito.

En su libro biográfico *La invención de la soledad*, escrito tras la muerte de su padre, Auster comenta lo difícil que es enfrentarse a las cosas de un muerto. Al abrir el armario ropero, por ejemplo, le pareció que las camisas de su padre estaban allí esperando a que se las pusiera.

Aún bajo el *shock* de haberme quedado huérfano, mi responsabilidad era vaciar aquel apartamento de alquiler limitado donde yo había vivido desde mi infancia hasta los 26 años. Retrasé ese doloroso inventario de recuerdos hasta el último momento, cuando vencía el plazo para entregar las llaves.

Con la ayuda de una amiga, llegué con una maleta y 24 cajas de cartón. Sabía que todo lo que no me llevara acabaría en un vertedero al día siguiente.

Llené la maleta con lo que ya tenía previsto: mi colección de vinilos de *afterpunk*, casetes con trozos de composiciones a piano y varios paquetes de fotos. Hecho esto, llegó el turno de llenar las cajas con lo que un matrimonio había acumulado a lo largo de cincuenta años.

Mi padre atesoraba miles de libros en varios idiomas (algunos de más de un siglo de antigüedad), mi madre tenía toda clase de recuerdos, además de mucha ropa de todas las épocas de su vida, pues desde los diez años había trabajado de modista.

Abrumado ante todo aquello, yo no dejaba de preguntarme qué debía salvar y dónde metería todo lo que habían acumulado mis padres y yo mismo, ya que mi habitación de niño y adolescente también estaba llena de reliquias. Tras dar unas cuantas vueltas, llegué a la conclusión de que, con su valor sentimental, todo aquello al fin y al cabo eran cosas y no podía llevármelas como un caracol que arrastra la casa consigo.

Seguro que muchos de aquellos libros habían sido difíciles de conseguir y tenían un significado muy especial para mi padre, pero ¿cuáles eran y por qué eran tan importantes? Solo él lo sabía y ya no estaba allí para aclarármelo. Lo mismo sucedía con las pertenencias de mi madre.

Únicamente me llevé un sobre donde ella guardaba las notas que yo le escribía desde niño. Una debía de ser ya de adolescente, puesto que el trazo denotaba resaca y decía «*DESPIÉR-TAME A LAS DOCE*».

Antes de liquidar aquel almacén de fantasmas, me metí en mi antiguo cuarto y también allí me quedé superado por la acumulación de objetos y recuerdos de viajes. Para no ser más que mis padres, decidí que me llevaría una sola cosa. Tras recorrer las estanterías con la mirada, elegí un portafotos de cristal tamaño carnet, de los que estaban de moda hace medio siglo para contener el retrato del novio o novia.

Con siete u ocho años, yo había puesto ahí la foto de mi primer periquito, un pájaro paciente en extremo que aguantó todas mis travesuras hasta que estiró la pata. La foto la había tomado durante uno de mis ensayos de guitarra, un instrumento que intenté aprender antes que el piano. Como ya de niño me aburría tocar para mí mismo, acostumbraba a soltar al periquito, que tenía una percha especial para él desde donde seguía, con amable atención, mis torpes conciertos antes de volver a la jaula.

Me llevé este único objeto y el resto pasó a formar parte de las montañas de basura que se gestionan en la ciudad. Eso es todo lo que quedó del naufragio de la infancia.

Minimalismo y suficientismo

No sé cuándo voy a morir, afortunadamente, pero me gustaría que, cuando eso suceda, mi hijo –o quien se ocupe de liquidar mis recuerdos– no se encuentre en la misma situación que yo entonces.

Para ello me he propuesto irme desprendiendo de todo lo que no necesito y temperar mis caprichos, lo cual es la pregunta de este capítulo. Obedecer solo a los deseos genuinos y descartar todos aquellos cuyo cumplimiento no me aportará felicidad.

A esta actitud o aspiración hoy en día se la llama ser minimalista, y hay un libro de esta misma editorial que se centra en el asunto. Se titula *Minimalismo* –su título original es *Everything That Remains,* «todo lo que queda»–, de los treintañeros Joshua Fields Millburn y Ryan Nicodemus. Estos amigos decidieron renunciar a los sueldos que percibían por unos trabajos que les estaban robando la vida. Acto seguido, empezaron a deshacerse de casi todas sus posesiones para centrarse en lo verdaderamente importante.

Tenían la convicción de que, al apartar lo superfluo, se abriría un espacio para lo realmente importante en su vida.

¿Y qué puede ser eso?

Los autores, que se han dado a conocer también por un documental de Netflix, dicen que no hay una respuesta única. El minimalismo es diferente para cada persona, ya que se trata de encontrar lo que es esencial para cada cual.

¿Sabes qué es esencial para ti?

Ellos cambiaron los caprichos consumistas del pasado por la posibilidad de perseguir sus pasiones, a la vez que eliminaban los excesos materiales de su vida. Como dice el subtítulo de su primer libro, cuando quitas todo lo que sobra, lo que queda debe ser lo importante.

Una década antes, John Naish había acuñado la palabra *enoughism*, que podríamos traducir como *suficientismo*. Según este escritor, el *Homo sapiens* debería llamarse *Homo expetens* –necesitado–, porque más que por su sabiduría se caracteriza por su capacidad de crearse falsas necesidades. Su deseo irrefrenable le lleva a terribles problemas.

El síndrome de querer siempre más nos hace sentir que tenemos menos de lo que merecemos, lo cual es un disparador de la ansiedad.

Las tres clases de deseos

Quizás la vía más práctica hacia la regulación del deseo sea, sencillamente, ir quitando de nuestra vida todo aquello que ni es necesario ni le aporta valor, como los minimalistas.

Esta práctica existía ya en las tradiciones ancestrales de la India y en la Antigua Grecia, mucho antes de que los hípsters la adoptaran.

El jainismo y algunas escuelas del yoga tienen el concepto de *aparigraha*, que en sánscrito se puede traducir como «ausencia de codicia». El proceso de desprenderte de todo lo necesario va más allá de las cosas materiales, e incluye también los apegos, prejuicios e ideas preconcebidas.

Por los paralelismos que se produjeron entre Grecia y Oriente en la denominada Era Axial, el filósofo Epicuro exploró de forma detenida los deseos, que clasificaba en tres categorías:

1. *Deseos naturales y necesarios.* Tienen que ver con la supervivencia, como encontrar agua, alimento y cobijo. Son los que el psicólogo Abraham Maslow situaba en el nivel más bajo de su pirámide de las necesidades humanas.
2. *Deseos naturales e innecesarios.* Epicuro incluía aquí los que sirven para nutrir el alma, como la buena conversación, el disfrute de las artes o el sexo. No son necesarios para sobrevivir, pero el ser humano los precisa para su realización.
3. *Deseos antinaturales e innecesarios.* Son aquellos que suponen una carga para el alma humana, hasta el punto de que pueden acabar destruyéndonos. Ansiar la fama, el poder o las riquezas, pertenece a esta categoría.

Por lo tanto, el deseo en sí no sería nocivo. De hecho, es lo que permite al ser humano ir más allá de sus límites. La sabiduría está en desear las cosas correctas, aquellas que realmente necesitamos para seguir avanzando.

Respondiendo a la pregunta de este capítulo, a través de la conciencia es posible dejar de desear aquello que no aporta valor a nuestra existencia. Al ser selectivos con lo que anhelamos, podremos concentrar nuestra pasión en lo que realmente cuenta.

9. ¿Cómo puedo afrontar la pérdida?

Desde que nacemos, vamos ganando unas cosas y perdiendo otras. De alguna manera, en nuestro universo no hay lugar para todo y cada entrada exige su salida.

Abandonar la infancia se compensa con el ingreso en la adolescencia, el doloroso campo de pruebas para la edad adulta. Descubrimos la sexualidad, a la vez que empezamos a perfilar nuestro futuro académico o laboral. Asumimos que tendremos que tomar decisiones siendo cada una de ellas un camino que descarta otros.

En 1977, Johnny Thunders, uno de los fundadores de los New York Dolls, cantaba su himno *Born to lose*. Ciertamente, nacemos para perder, y nuestra felicidad dependerá de la naturalidad con la que sepamos hacerlo.

En los deportes y en la vida, una persona madura tiene buen perder.

El arte de perder amigos

Tal vez, como reacción por haber tenido una infancia tan solitaria, cuando inicié mi andadura como viajero empecé a acumular amistades y contactos. No había aventura de la que no volviera al menos con dos o tres direcciones. Eran de personas que había conocido en los trenes, en la azotea de los hoteles, vagando por el mundo.

A mi regreso, empezaba a recibir postales y cartas que intentaba contestar escrupulosamente. En lugar de estudiar para la universidad, pasaba buena parte del tiempo contando mi vida a personas que, un mes antes, no conocía de nada.

Desde que me había abierto como una concha, empezaba a acumular también amigos en Barcelona. Hubo un momento en el que mantenía vivo el contacto con un centenar de personas.

Llega un punto en el que esto no es sostenible, así que empecé a demorarme en la correspondencia. Perdí el hilo con dos amigos griegos que incluso se habían alojado en mi casa, y un amigo lituano que me había enviado una colección de vinilos desde su nuevo hogar en Australia nunca recibió mi carta de agradecimiento.

Mi capacidad de gestionar las relaciones había llegado a un colapso.

Por suerte, en nuestra vida cotidiana este proceso de ganancias y pérdidas es mucho más orgánico y natural.

Desde que le conozco, el editor Jordi Nadal termina cada año resumiéndolo en un solo folio. Allí consigna las cosas importantes que le han sucedido, los libros y películas que le han impactado. También hay una sección de «entradas y salidas», personas que ya no están en nuestra vida –a partir de cierta edad, se nos van muriendo– y otras nuevas que llegan para ser importantes.

Una de las pérdidas que nos toca encajar, a medida que crecemos, es la de personas que fueron fundamentales en nuestra vida que abandonan nuestro camino. A veces no es necesario siquiera haberse peleado. Empezamos a llamarnos menos y los encuentros se van espaciando, hasta que llega un momento en el que nos perdemos la pista.

Al rencontrar viejas fotos en las que apareces abrazado a personas que no sabes siquiera si siguen en este mundo, puede embargarte un sentimiento de melancolía o incluso de culpabilidad.

¿Me porté mal no cuidando de este vínculo que era importante para mí?

Haciendo un rápido cálculo, a veces pienso que, si quisiera juntar a todas las personas con las que he tenido cierta relación en algún momento de mi vida, necesitaría llenar las gradas de un pequeño estadio de fútbol.

Esto hace más milagroso aún el hecho de que haya relaciones que resisten el polvo de todos los caminos. Decía el novelista Alberto Moravia que: «La amistad es más rara y difícil que el amor. Por eso hay que salvarla como sea».

El arte de perder amores

Más doloroso y menos orgánico es despedirse de una relación sentimental. Entre otras cosas, porque casi todo amor ha sido antes una amistad y forma parte de un universo donde hay muchos otros vínculos implicados.

Cualquiera que haya pasado por rupturas amorosas lo ha vivido: como si tu mundo de afectos se dividiera en dos bandos, hay personas que veías cada semana que desaparecen de golpe. Y lo más extraño es que eso puede suceder, incluso, cuando sigues manteniendo una relación muy amistosa con tu «ex».

En una película de 2019 que me encanta, *Historia de un matrimonio*, protagonizada por Adam Driver y Scarlett Johansson, hay una escena muy significativa en este sentido. La pareja ya se ha separado y tiene un hijo en común. Para la celebración de Halloween, él se ofrece a acompañar a la madre a la celebración que tienen prevista con sus viejos amigos.

Ella le frena diciéndole: «Es que no quieren verte», a lo que él contesta que no lo entiende, puesto que ambos siguen siendo buenos amigos.

Quizás, estas son las pérdidas que más cuestan de encajar, porque van ligadas a un sentimiento de injusticia e incomprensión.

En mi larga –y espero que eterna– relación con la madre de mi hijo, primero fuimos los mejores amigos, luego pareja durante quince años y, después, nuevamente mejores amigos. Hasta que empezamos a vivir cada cual por nuestra cuenta, la mejor amiga de ella y su marido eran como hermanos para mí. Con él veía el fútbol todas las semanas, en compañía de otros compinches, en un bar.

Desde que terminó nuestra relación de pareja, a él solo he vuelto a verle una vez en un funeral. Y con ella compartí mesa en una boda, pero no llegamos a dirigirnos la palabra.

Con ellos compartimos muchos viajes y experiencias, vi crecer a sus hijos y nos hicimos mayores juntos. Yo soy una persona sentimental, por lo que para mí no es posible borrar tantos miles de horas compartidas. Los sigo queriendo, aunque hayan decidido no verme.

Para esta clase de trances puede asistirnos la poetisa estadounidense Elisabeth Bishop. En su poema *Un arte* hace de la pérdida una experiencia tan universal como cotidiana. Empieza así:

> *El arte de perder se domina fácilmente;*
> *tantas cosas parecen decididas a extraviarse*
> *que su pérdida no es ningún desastre.*

> *Pierde algo cada día. Acepta la angustia*
> *de las llaves perdidas, de las horas derrochadas en vano.*

Te invito a leer una antología poética de esta autora excepcional que fue premio Pulitzer en 1956.

Para cerrar el apartado de las pérdidas amorosas, en mi novela *Un rayo de esperanza* expliqué cómo una ausencia puede dejar un doloroso rastro, el recordatorio de lo que fuimos juntos y hemos dejado de ser.

Una de las protagonistas ha roto con la pareja con la que iba a numerosos conciertos y espectáculos. Ella misma se encargaba de comprar las entradas con mucha antelación, a veces un año antes.

Mientras trata de hacer el duelo, un día abre un cajón y encuentra un montón de entradas para distintos espectáculos, en grupos de dos unidas por un clip. Esas parejas de papeles, que representan lo que ellos ya no son, le produce un sentimiento de desolación.

Para esa escena me inspiré en mi propia experiencia.

El arte de perder la vida

Desprenderte de amores y amigos es una preparación para una pérdida mucho más íntima: la de la propia vida. Por mucho que digamos que no nos importa, al cumplir años es inevitable echar la vista atrás y darnos cuenta de que se reduce lo que tenemos por delante.

Eso se puede vivir con angustia o con la aceptación del buen perdedor, que sabe que nunca se pierde del todo aquello que se ha vivido.

Aun así, es común al llegar al final del camino lamentar el uso que hemos hecho del tiempo que nos ha sido dado. Una enfermera de paliativos australiana hizo un libro con los *cinco ojalás* más comunes entre los moribundos –ojalá hubiera… ojalá no hubiera…–. Se arrepentían de haber trabajado demasiado y disfrutado poco, sobre todo de la compañía de los buenos amigos.

Respecto a esta clase de arrepentimientos, hay una secreta industria de cartas de despedida por parte de grandes personalidades que casi siempre son *fake*. ¿Qué debe impulsar a estos escritores anónimos a poner sus propias palabras en boca de sus autores favoritos?

Una vez en la red, gran parte de los internautas las dan por buenas y el texto les queda asignado como epitafio.

Quizás, la más famosa es la atribuida a Jorge Luis Borges, que empieza así:

> Si pudiera vivir nuevamente mi vida, en la próxima trataría de cometer más errores. No intentaría ser tan perfecto. Me relajaría más. Sería más tonto de lo que he sido. De hecho, me tomaría muy pocas cosas en serio. Sería menos higiénico. Correría más riesgos, haría más viajes, contemplaría más atardeceres, subiría más montañas, nadaría más ríos, iría a más lugares donde nunca he ido, comería más helados y menos habas, tendría más problemas reales y ninguno imaginario.

Y sigue en esta línea hasta el final, cuando termina con un emotivo «Pero ya ven, tengo 85 años y sé que me estoy muriendo».

La esposa del literato argentino, María Kodama, se encargó de desmentirlo, diciendo: «Si Borges hubiera escrito eso, yo habría dejado de estar enamorada de él en ese momento».

Otro autor al que le redactaron la carta de despedida fue a Gabriel García Márquez, que presuntamente se despedía así de la vida:

> Si por un instante Dios se olvidara de que soy una marioneta de trapo y me regalara un trozo de vida, aprovecharía ese tiempo lo más que pudiera. Posiblemente no diría todo lo que pienso, pero en definitiva pensaría todo lo que digo. Daría valor a las cosas no por lo que valen, sino por lo que significan. Dormiría poco, soñaría más, entiendo que por cada minuto que cerramos los ojos, perdemos sesenta segundos de luz. Andaría cuando los demás se detienen, despertaría cuando los demás duermen.

Lo curioso de esta carta es que se publicó en una columna de prensa estando García Márquez vivo, por mucho que padeciera cáncer. El mismo Gabo tuvo que acudir al quite para decir que esa misiva era ridícula y que él no escribía así.

También a Steve Jobs le regalaron, aunque una vez muerto, su propia carta de despedida. Veamos un fragmento:

> Acostado en la cama del hospital y recordando toda mi vida, me doy cuenta de que todos los elogios y las riquezas de los que yo estaba tan orgulloso se han convertido en algo insignificante ante la muerte inminente. En la oscuridad, cuando miro las luces verdes del equipo para la respiración artificial y siento el zumbido de sus sonidos mecánicos, puedo sentir el aliento de la proximidad de la muerte que se me avecina. Solo ahora entiendo que –una vez que uno acumula suficiente dinero para el resto de su vida– tenemos que perseguir otros objetivos que no están relacionados con la riqueza.

Este epitafio despertó la hilaridad de quienes conocían bien al cofundador de Apple. Entre otras cosas, porque se había asignado un sueldo de un dólar anual. La carta tenía fallos gramaticales, algo que Jobs jamás habría consentido, y además nombraba a Dios, cuando él era budista.

De hecho, la hermana de Steve Jobs declaró que, una hora antes de morir, sus últimas palabras fueron: «Oh, wow! Oh, wow! Oh, wow!».

Nunca sabremos qué vio el padre de Apple antes de morir, pero parece que le causó una verdadera sorpresa. Con su carácter irascible y otros defectos, si leemos la excelente biografía que le dedicó Walter Isaacson, entenderemos que fue un hombre que vivió siempre como quiso.

Tal vez sea esta la mejor vacuna contra la pérdida. La tranquilidad de saber que, en todo momento, en la amistad, en el amor y en la vida, lo dimos todo y fuimos genuinos.

10. ¿Existen los amigos que nunca te fallan?

Durante la adolescencia se da a la amistad una importancia capital. Una supuesta traición, por parte de la amiga o amigo íntimo, se vive como un drama capaz de desatar una depresión.

La cuestión que sugiero en este capítulo es si hay alguien capaz de no fallar nunca a los demás. Todo el mundo es susceptible de tener olvidos o despistes, de estar más presente en unas fases de la vida que en otras.

Puesto que la amistad es un puente entre dos energías vivas, todo está cambiando constantemente en ambas orillas. Como dijimos en el anterior capítulo, ya es un milagro seguir juntos después de todo.

No existen los amigos perfectos, existen los amigos.

Mi hermano espiritual Jordi Olloquequi, doctor en Biología y compañero de bandas de rock, me cuenta que de muy joven era muy estricto con las amistades. Si alguien le tenía de menos o se comportaba mal, le ponía la cruz y cortaba la relación.

–Con el tiempo –reconoció–, me di cuenta de que, si seguía por ese camino, me iba a quedar solo.

Fue una feliz decisión, porque hay que tener cierto espíritu *wabi-sabi*, la belleza de la imperfección de los japoneses, para mantener las amistades. A fin de cuentas, como decía Benjamin Franklin: «Un hermano puede no ser un amigo, pero un amigo siempre será un hermano».

La visión aristotélica

En su *Ética a Nicómaco*, este filósofo de la Grecia clásica definía la amistad como una virtud muy necesaria para la vida, «pues sin amigos nadie desearía vivir, aunque poseyera todos los demás bienes». Por este motivo, aunque vamos perdiendo amigos por el camino, necesitamos encontrar a otros que nutran nuestra alma.

«Son amigos sobre todo aquellos que desean el bien de sus amigos», sentencia Aristóteles. Ya en la modernidad, Oscar Wilde opinaría que esta clase de aliados son un tesoro muy difícil de encontrar. Y lo razonaba así: «Cualquiera puede simpatizar con las penas de un amigo; simpatizar con sus éxitos requiere de una naturaleza delicadísima».

Pero volvamos al filósofo que fuera discípulo de Platón y maestro de Alejandro Magno. Su división de la amistad en tres categorías sigue, más de 23 siglos después, del todo vigente:

1. *Amistad por interés*. Es aquella que se rige por criterios de utilidad. Ahí estaría el vínculo del adulador con la persona que le puede favorecer, o la de la gente de negocios cuya interacción busca solo el provecho. No hay problema con establecer este tipo de relaciones, tal vez

incluso son inevitables, siempre que no se confundan con la verdadera amistad.

2. *Amistad por placer.* Corresponde a aquellas personas que solo se juntan cuando hay disfrute de por medio, por lo que estas relaciones suelen tener fecha de caducidad. En este apartado entrarían la mayoría de las amistades que encontramos en el instituto o la universidad, que tienen sentido en esa situación o coyuntura y, luego, se diluyen.

3. *Amistad perfecta.* Aristóteles la calificaba como aquella que surge entre personas de igual bondad y virtud, queriendo ambas partes siempre el bien del otro. Son las amistades más raras porque, como decía Wilde, precisan del encuentro de dos almas muy delicadas. Aunque resulten difíciles de encontrar, el premio es mayúsculo, ya que duran para siempre.

Algunas amistades (casi) perfectas

Muchos logros que han tenido lugar en la historia del arte, de los negocios y de la humanidad en general no se entenderían sin la alquimia de un tándem formado por dos personas muy diferentes.

En la brillante docuserie *McCartney 3, 2, 1* hay un momento en el que Paul explica de qué manera los caracteres contrapuestos de él y John fueron clave para el éxito de la banda. El primero era un chico con una infancia perfectamente feliz, mientras que el otro no había tenido un padre, y su madre había muerto atropellada.

McCartney explica que, si él empezaba una letra diciendo «Cada vez va mejor...», Lennon la completaba «... y no puede empeorar más». Eso enriquecía la canción.

El tándem entre Steve Jobs, de quien ya hemos hablado, con Steve Wozniak también fue clave para el éxito de Apple, ya que este último era un genio de la computación y su compañero, un genio de las ventas.

Una prueba de que los contrarios se atraen y cooperan muy bien lo tenemos también en la amistad entre Bill Gates y Warren Buffett. Pese a haber sido los dos hombres más ricos de Estados Unidos, cuando una editora del *Washington Post* propuso el encuentro, no mostraron interés alguno en conocerse.

Bill no estaba interesado en charlar sobre la Bolsa, y Buffett no tenía idea alguna de computación. Contra todo pronóstico, se hicieron amigos y empezaron a colaborar. El fundador de Microsoft asegura que Warren ha sido fundamental para el crecimiento de su empresa y su comprensión del mundo.

Desde Aristóteles a los líderes de las finanzas y la tecnología, pasando por Proust, la elección de las amistades ha sido siempre una cuestión primordial. En el célebre cuestionario del autor de *En busca del tiempo perdido*, una de las preguntas era *¿Qué cualidad aprecias más de un amigo?*

Cuando le pasaron las treinta cuestiones a David Bowie, su respuesta a esta concreta fue:

–La capacidad de devolver libros.

Ahora nos ocuparemos de eso.

Amigos de bolsillo

Cuando yo era pequeño, había una colección de bolsillo de la editorial Bruguera que tenía un gato de logo y se llamaba «Libro amigo».

Esto me sirve para contestar de otra manera a la pregunta de este capítulo: ¿Existen los amigos que nunca te fallan? Sí, los libros.

Al igual que Bowie, que no podía vivir sin ellos, los buenos libros siempre han sido mi apoyo en los momentos de tristeza o confusión. Una lectura adecuada tiene la capacidad de arrancarte de la melancolía o el desánimo y llevarte a un mundo distinto.

Y eso no es exclusivo de la alta literatura. Cuando el libro adecuado llega a la persona adecuada en el momento adecuado, se desata una alquimia capaz de transformar una vida.

En mi caso sucedió con la novela *El mago* de John Fowles, como he comentado más de una vez, pero he conocido a varias personas cuya existencia cambió de forma radical gracias a un libro.

Una de las más notables fue Anthony Llobet, un peluquero de madre inglesa y padre catalán, al que entrevisté en mi época de periodista sobre temas de Barcelona.

Yo le había conocido por un amigo inglés que iba a cortarse el pelo a su casa. Por aquel entonces, Anthony no tenía más negocio que sus tijeras y sus manos. Se anunciaba con un número de teléfono en una revista para *expats* en Barcelona y hacía su trabajo en el salón de su piso.

Varios años después, cuando fui a entrevistarle para una

publicación, Anthony Llobet poseía tres exitosas peluquerías, con veinte empleados a su cargo. ¿Qué había pasado?

–Todo empezó con la lectura de un libro –reconoció en la entrevista–: *El hombre más rico de Babilonia.*

Se trata de un manual publicado en 1926 del que no recordaba haber oído hablar, aunque yo llevaba años trabajando con libros de autoayuda. Me asombró, en todo caso, que hubiera logrado convertir a un peluquero sin local en un próspero empresario. Él mismo se ocupó de explicarme el porqué:

–Decidí aplicar lo que decía el libro –dijo Anthony con modestia–. Eso marcó la diferencia, porque casi nadie lo hace. Todo el mundo se limita a leer estos manuales y sigue con la misma vida.

Me acuerdo de esta breve conversación siempre que me entrevista un periodista a la contra sobre la narrativa de autoayuda.

–Pero ¿tú crees que estos libros funcionan? –suelen preguntarme.

–Solo si aplicas algo de lo que dicen –respondo.

La historia del peluquero inglés es la prueba de que un libro puede ser tu maestro, también por lo que respecta al mundo de los negocios. De hecho, toda lectura que nos inspira o nos conmueve tiene el poder de modelarnos, muchas veces lenta y silenciosamente.

Al mismo tiempo, nos procura una compañía balsámica. Es un consuelo casi mágico encontrar en un libro una reflexión o experiencia que hemos vivido personalmente. Aunque el autor o autora haya muerto siglos atrás, al leer ese pasaje donde resuena nuestra propia existencia nos sentimos hermanados con el alma que escribe. Y descubrimos que no estamos solos.

En definitiva, de forma manifiesta o soterrada, los libros cambian vidas.

Si vas buscando un amigo de bolsillo, encontrarás uno perfecto para cada ocasión. Y no te fallará.

11. ¿Dónde encontrar el verdadero amor?

Hay un cuento de Isaac Asimov, *Amor perfecto*, en el cual un programador llamado Milton utiliza una poderosa computadora para intentar encontrar a su pareja ideal.

A punto de cumplir los 40, Milton no se ha casado porque nunca ha encontrado a la pareja adecuada. La computadora está conectada a las bases de datos de todo el mundo, así que empieza a realizar operaciones. Primero elimina a todos los hombres del planeta, porque el programador es heterosexual. Luego a todas las menores de 25 años y a las mayores de 40, a las que tienen un CI inferior a 120 y a las que miden menos de 150 cm y más de 175 cm.

Milton y su máquina siguen introduciendo restricciones para su criba –idioma, color de pelo, etc.– hasta reducir el número de candidatas a 235 y, finalmente, a 8.

Haciendo trampas en el sistema, el programador consigue que todas ellas sean contratadas temporalmente en el lugar donde él trabaja. Cuando invita a la primera a cenar, todo va bien y le parece una mujer simplemente perfecta, pero hay algo que no funciona en la velada. Y lo mismo sucede con las otras siete. Milton siempre siente que hay algo que no encaja.

Todas son muy inteligentes y agradables, además de buenas conversadoras, así que no puede entender por qué no le gustan. En ese momento, la computadora hace la pregunta clave:

–¿Tú les gustas?

A partir de aquí, el relato sigue para terminar con un giro muy típico de la ciencia-ficción. Sin embargo, ya ha apuntado lo más difícil para que se dé la chispa amorosa: que entre el número casi infinito de personas en el mundo se encuentren dos con los mismos gustos, prioridades, exigencias, sensibilidad…

Cuando eso sucede, lo vivimos como un milagro. Y a ese milagro lo llamamos amor.

Dar o recibir

En mi época de estudiante de Filología, tenía un amigo con el que hablaba a menudo sobre la dificultad de encontrar el Amor. Lo pongo en mayúsculas, porque entonces era una cuestión que magnificábamos.

No entendíamos la relación sentimental como algo natural basado en la afinidad. Buscábamos alguna clase de magia que no sabíamos entender, pero que se basaba en el dar o el recibir, no en una corriente bidireccional.

Hay gente que busca aquella persona entre un millón que le dará lo que nadie más ha podido ofrecerle. Otros buscan entregar todo lo que tienen, como si eso garantizara el retorno del amor. En ambos casos, la asignatura sentimental resulta difícil, y aprobarla parece que dependa de algo así como que te toque la lotería.

Muchas personas se enamoran de un ideal y, cuando la relación empieza a andar, se dan cuenta de que quien tienen al lado no se corresponde con quien habían imaginado. Aquí empiezan las demandas para que el otro cambie y se adapte a sus necesidades. Con ello se inicia el declive porque, como dice el psicólogo Antonio Bolinches, que antes hemos mencionado, «el éxito de la pareja es casarte con el otro sin divorciarte de ti mismo».

Pero, antes de perdernos por otros derroteros, vayamos a la cuestión que plantea el cuento de Asimov. Más allá de encontrar una pareja nutritiva, aquella con la que encajemos sin necesidad de que nadie cambie, ¿es posible mantener la relación sin que se degrade? ¿Qué nos dice la ciencia sobre ello?

Las matemáticas del amor

En una famosa charla TED de Hannah Fry, esta joven matemática y conferenciante británica asegura que el amor no puede racionalizarse ni está sujeto a la estadística, pero sí puede estudiarse para entender mejor cómo nos relacionamos.

Menciona al psicólogo John Gottman, que filmó a cientos de parejas discutiendo. Además de las palabras en sí, registró sus expresiones faciales, la presión arterial o el ritmo cardíaco. Sin embargo, los datos fisiológicos no resultaron ser relevantes a la hora de predecir si una pareja se va a separar. La clave, según comprobó, estaba en hasta qué punto uno y otro eran positivos o negativos en la conversación.

Las parejas con bajo riesgo de ruptura incluyen en sus conversaciones muchas más visiones positivas que negativas; es decir, expresan sus necesidades, pero se centran sobre todo en lo que puede lograrse, y no en lo que el otro hace mal, que es la dinámica propia del reproche.

En el otro extremo, calculó que las parejas cuyo material de conversación es negativo, porque intercambian recriminaciones, van a separarse con un 90 % de precisión.

El experimento se llevó a un nivel superior con la entrada de James Murray, que permitió entender cómo funciona la espiral de negatividad. Este matemático planteó ecuaciones que predicen cómo reaccionará el otro en su siguiente turno de conversación.

Lograron cuantificar cómo el estado de ánimo y el tono de uno u otro se influyen mutuamente, tal como sucede en la carrera armamentística entre dos países, apunta Hannah Fry.

Las parejas con más probabilidades de éxito, desde este punto de vista, son las que tienen el umbral más bajo de negatividad. Eso no significa que no haya lugar para la queja y la mejora, pero eso supone solo una pequeña parte de su comunicación, que se basa en lo que es productivo y beneficioso para ambos.

Como la proporción de negatividad ha de ser mucho menor que la de positividad, los expertos recomiendan que aquello que nos molesta se diga cuanto antes. Hay que procurar hacerlo de forma clara, asertiva y respetuosa hacia el otro, sin acompañarlo de trapos sucios. Centrarnos en la solución para resolver el tema cuanto antes y poder volver a la comunicación positiva.

Antes de llegar ahí, sin embargo, muchas personas necesitan encontrar primero a la pareja. Dado que gran parte de la población consigue hoy en día sus citas en aplicaciones, en su libro *Las matemáticas del amor* Hannah Fry recomienda:

- No obsesionarnos con nuestro atractivo físico. Las fotos poco realistas crearán un efecto adverso en la primera cita.
- Mostrarnos imperfectos, de hecho, en distintos aspectos de nuestra vida, nos hace más humanos y deseables.
- Explotar las características que te hacen único es la clave del atractivo personal.

Adentro y afuera

Además de las aportaciones de los matemáticos, creo que la fórmula para predecir el éxito en el amor es mucho más simple. Se encuentra en la ley de Hermes Trismegisto: *Como es adentro, es afuera.*

Es fácil ver todos los demonios fuera y lanzar sentencias como «Los hombres / las mujeres son así». Avanzaremos mucho más si entendemos que lo que nos sucede en nuestras relaciones con los demás, incluyendo el amor, es una expresión de cómo nos relacionamos con nosotros mismos.

Una persona con asuntos pendientes de resolver, que no se ama ni acepta, tendrá con toda probabilidad relaciones conflictivas con sus parejas, bien sea porque exigirá demasiado para tapar sus propios huecos, o porque se regirá por la desconfianza o el fatalismo, ya que espera encontrar en el otro la misma miseria que tiene dentro de sí.

No se puede construir relaciones sanas sin haber hecho antes limpieza de la propia casa.

En mi época de enamorado sufriente, como el Werther de Goethe, yo desconocía todo eso. Me enamoraba de chicas que me parecían inalcanzables y me sentía luego ignorado o despreciado por ellas.

Perdido en mis fantasías románticas, me hubiera venido muy bien encontrarme con Gerard Rosés, que en mi novela *Retrum* ayuda a aclarar el padecimiento sentimental de su protagonista. Enamorado de la oscura y esquiva Alexia, el joven Christian mantiene esa conversación con el pintor del pueblo, que le dice:

–Es importante que entiendas la naturaleza del amor si no quieres arder en sus llamas. Pero antes háblame de ella (…)

–Sé que suena a tópico, pero es una persona muy especial.

–Tú también lo eres –replicó (…)

–Lo que más me atrae de ella –continué– es su misterio. Es del todo imprevisible. Puede ser muy dulce o terriblemente fría. Nunca sabes qué está pensando. Eso me vuelve loco.

El pintor dejó escapar una suave risa antes de contestar.

–¿No te das cuenta, Christian, de que estás hablando de ti mismo? Todo lo que cuentas de ella son cualidades que están en ti. Esa es la naturaleza del amor.

–¿Qué quieres decir?

–A tu edad, uno suele enamorarse de personas a las que apenas conoce. Tú lo has dicho: no sabes nada de ella. Por eso la has construido en tu mente a tu imagen y semejanza, tal como te gustaría que fuera. ¿Sabes lo que oculta eso?

Me encogí de hombros.

Retomo a partir de aquí la pregunta, porque la respuesta es ya obvia: ¿Dónde encontrar el verdadero amor?

En ti mismo.

Cuando una persona se acepta, reconoce su virtudes y particularidades –esas que dice Fry que nos hacen atractivos– y se quiere por lo que es, ya tiene el primer fundamento del amor.

A partir de esa base, nos resulta mucho más fácil amar a los demás y ser correspondidos. Y no solo en una relación romántica, también en el campo de la amistad y en el profesional.

No me gustan las leyes sentenciosas, pero si tuviera que resumir el contenido de este capítulo en una, sería: Ámate y te amarán.

Contra la hipermetropía sentimental

Terminaré con un apunte sobre el documental que mencioné en la introducción. En *The Wisdom of Trauma* presenciamos la impresionante labor de Gabor Mate con personas con diferentes adicciones; algunas de ellas viven en la calle.

En un momento de la filmación, explica que él mismo era un adicto a la ayuda que prestaba en el hospital, donde trabajaba de sol a sol atendiendo a enfermos. Como médico, explica Mate, te produce satisfacción ser imprescindible para tanta gente. En el hospital te necesita el bebé, la madre del bebé, el enfermo con esperanza, el que ya no la tiene, pero busca consuelo.

Ser indispensable para tantas personas crea apego, es decir, crea adicción.

En un giro sorprendente del documental, la esposa de Gabor Mate dice a la cámara que, en su época de trabajo más duro, era un pésimo marido y padre de familia, porque llegaba a casa agotado y de mal genio. Había gastado todo el amor que tenía para dar.

El médico de origen húngaro sonríe y dice que eso era así. Por las sonrisas que intercambia la pareja, entendemos que ese desequilibrio se corrigió.

De hecho, en la dedicatoria que le hace a su esposa en uno de sus libros, le da las gracias por los cincuenta años de amistad y camino juntos «a las duras y a las maduras».

Si el requisito para encontrar amor es amarse uno mismo, el que favorece su duración es no olvidar nunca lo cercano, ya que el largo camino del amor se compone de muy pequeños pasos.

12. ¿Y un verdadero maestro?

Cuando llevas muchos años en el mundo del desarrollo personal, te das cuenta de lo difícil que resulta predicar con el ejemplo. Hay autores de manuales sobre el amor que son incapaces de mantener una relación, así como hay expertos en finanzas que llevan muy mal sus propias cuentas.

Antes de entrar en el tema de este capítulo, quiero hacer una precisión sobre este asunto.

Una vez charlaba con un amigo que estaba preocupado porque cada vez tenía más entradas. Para encontrar una solución, fue a visitar a un médico especialista que le habían recomendado. Al abrir la puerta de la consulta, se quedó horrorizado porque vio que el hombre era calvo como una bola de billar.

–¿Cómo va a arreglarme a mí lo que no ha solucionado en su propia cabeza? –me decía escandalizado.

–Eso no quita que sea un genio en su materia –le argumenté–. ¿Tú te pondrías en manos de un médico de los pulmones que fuma, sabiendo que es el mejor de su especialidad?

Mi amigo no supo qué decir.

–Yo sí –le respondí–, porque, aunque él o ella se quiera matar fumando, asumo que sabe lo que es mejor para mí.

La decisión que cambió una vida

Independientemente de cómo sea la rutina personal, a lo largo de la vida siempre aparecen oportunidades de salir del pozo; otra cosa es que sepamos verlas.

A menudo se pone como ejemplo la historia de Ben Carson, que de ser el tonto de la clase pasó a convertirse en el mejor neurocirujano infantil del mundo, con 27 doctorados «honoris causa», gracias a una simple decisión de su madre.

Si vamos a sus orígenes, nada hacía prever que la existencia de este niño afroamericano podía alumbrar alguna clase de éxito.

Nacido en Detroit en 1951, su propia madre había abandonado la escuela para casarse con trece años con un pastor evangelista de Tennesse. Se separó de él, cuando Ben contaba solo ocho años, al descubrir que tenía ya otra familia y que, además, traficaba con drogas.

Esta mujer sin formación tuvo que ocuparse de Ben y de su hermano mayor. Llegó a tener tres empleos a la vez para mantener a sus hijos, mientras luchaba contra la depresión crónica.

Se daban todas las condiciones para que el pequeño de la familia pudiera caer en las redes de la delincuencia y el consumo de drogas.

A las difíciles condiciones familiares se sumaba el hecho de que, desde primaria, Ben era el peor alumno de su clase. Le costaba leer y era víctima de toda clase de burlas por parte del resto de alumnos. Como reacción, desarrolló un carácter agresivo.

El punto de inflexión en su vida llegó un día en el que su madre limpiaba un domicilio particular donde había una biblioteca muy bien surtida. Pertenecía a un viejo profesor, a quien la mujer se atrevió a preguntarle:

–¿Ha leído usted todos esos libros?

–Casi todos.

Esta sencilla conversación la llevó a hacer un clic en su visión de cómo tenía que ser su labor de madre. Empezó a racionar a sus hijos la televisión; de hecho, solo les permitía ver dos programas por semana, siempre que hubieran leído y reseñado antes dos libros de la biblioteca.

Al principio, los niños se rebelaron contra esas nuevas reglas, pero acabaron adaptándose. El rebelde Ben le encontró el gusto a la lectura, que combinaba con música clásica. Con este nuevo hábito empezó a soñar con ser médico algún día.

Un año y medio después, ante el asombro general, se había convertido en el mejor alumno de su escuela.

Pese a sufrir algún retroceso al ser cambiado de centro, acabó obteniendo una beca para estudiar Psicología en Yale. Posteriormente se graduaría en Medicina en la Universidad de Michigan.

Ben Carson sería el primer afroamericano residente de neurocirugía en el prestigioso Johns Hopkins de Baltimore. Cirujano de enorme habilidad, con solo 32 años era ya el jefe de los residentes. Pronto sería conocido en todo el mundo por ser el primero en operar un feto dentro del útero. En 1987, lideró un equipo de 70 personas para efectuar una operación considerada imposible: separar con éxito a unos gemelos alemanes que estaban unidos por la cabeza.

¿Quién podía pensar que aquel niño considerado inútil sería una eminencia mundial en el campo de la medicina?

A falta de un maestro que hubiera creído en él, su madre ejerció como tal al introducirle los libros para transformar su vida.

Las dos sabidurías del gurú

A veces el maestro toma la forma de una madre, como con Ben Carson. En otras llega a nuestra vida bajo la forma de un amigo, de alguien que conocimos en un viaje, de un encuentro fortuito, o incluso de un viejo libro que cae en nuestras manos para revelarnos aquello que necesitábamos saber.

Esos son los gurús inesperados de la existencia y, si estamos atentos, vamos a encontrar muchos a lo largo de nuestro camino.

A otros y otras los reconocemos desde el papel profesor-alumno o gurú-discípulo. Pero no es oro todo lo que reluce, ni todo aquel que se asigna el rol de maestro tiene el poder de inspirar. Para adquirir ese don es necesario que posea dos atributos, según escribía Julio Cortázar en *La Revista Argentina* el año 1939, siendo ya profesor de literatura:

El maestro debe llegar a la cultura mediante un largo estudio. Estudio de lo exterior, y estudio de sí mismo. Aristóteles y Sócrates: he ahí las dos actitudes. Uno, la visión de la realidad a través de sus múltiples ángulos; el otro, la visión de la realidad a través del cultivo de la propia personalidad. Y, esto hay que creerlo, ambas cosas no se logran por separado. Nadie se conoce a sí mismo sin haber bebido la ciencia ajena en inacabables horas de lecturas y de estudio; y nadie conoce el alma de los semejantes sin asistir primero al deslumbramiento de descubrirse a sí mismo.

Es interesante que remarque esa doble vertiente de los verdaderos maestros, a los que exige conocimiento exterior e interior.

Sin embargo, el joven profesor Cortázar, que acabaría desplegando una original carrera literaria, va más lejos en su artículo y señala el carácter trascendente de la misión educativa. Trascendente porque va más allá de la propia persona y de la propia vida. En sus propias palabras:

> En el fondo de todo verdadero maestro existe un santo, y los santos son aquellos hombres que van dejando todo lo perecedero a lo largo del camino, y mantienen la mirada fija en un horizonte que conquistar con el trabajo, con el sacrificio o con la muerte.

Esto enlaza con la etimología de la palabra *senséi*, el maestro japonés que inicia al discípulo en un arte o profesión. Literalmente se traduce por «antes de la vida», un bello significado para alguien que tiene la capacidad de abrir ante ti un nuevo horizonte existencial.

Un mapa de maestros

Si hago un poco de arqueología personal, puedo identificar algunas personas que marcaron un antes y un después de mi existencia:

- Un adolescente *new romantic* que llegó a mi instituto me enseñó, como Demian a Emil Sinclair, las catacumbas de la ciudad y mi propio lado de sombra.
- Mi maestro de piano me enseñó que la creación es un acto libre y que el sufrimiento se puede convertir en arte, que además sirve de catarsis.
- La profesora de lengua alemana de la universidad me enseñó que podía ir más allá de mi mismo si me tomaba la asignatura –o cualquier otra cosa de la vida– como un desafío personal.
- El primer editor para el que trabajé me enseñó todo lo que sé sobre el mundo de los libros, además de darme nuevas visiones sobre la vida.

La lista podría seguir, pero en este punto te propongo que, replicando este ejercicio, traces tu propio mapa de maestros, indicando qué aprendiste de cada uno de ellos.

Muchas de estas personas jamás sabrán que marcaron la diferencia en nuestra vida, ya que lo que para nosotros fue una revelación para ellas era su trabajo y conducta normales.

Aplicando esta misma lógica, es posible que tú hayas sido el gurú o ángel de más de una persona y nunca llegues a saberlo. Aunque a veces la vida nos regala la oportunidad de saber que somos o hemos sido importantes para alguien, y eso justifica nuestra existencia en el mundo.

Lecturas paliativas

Desde que empecé a escribir, casi cada día me llegan correos de lectores. Intento contestarlos todos. Unas veces son estudiantes que están preparando un trabajo; otras veces es simplemente el mensaje de alguien que quiere agradecerte lo que sintió leyendo tu libro.

Sobre esta segunda clase de misivas, jamás olvidaré la que me envió un lector desde un hospital donde estaba luchando contra el cáncer. Me decía que una novela mía que tenía consigo le había servido de gran consuelo para paliar el aburrimiento y el dolor del tratamiento; por eso había decidido escribirme para darme las gracias.

Emocionado, le pregunté qué otros libros míos tenía. Quería mandarle alguna otra obra al hospital. Me respondió muy contento y le hice llegar dos libros por mensajería con dedicatorias largas para animarle en el trance.

Volvió a escribirme, muy contento, para confirmar la recepción del paquete. Dijo que me iría comentando, si no me importaba, a medida que los leyera. Yo le dije que «adelante, por favor».

Tras esa intensa correspondencia, no volví a saber de él.

Yo regresé a mi vida, que implicaba contestar muchos otros correos, escribir, dar charlas, hacer facturas y otras cosas que no nos gustan a los autores.

Hasta que un día recibí un *e-mail* de una mujer a quien no conocía. Me dijo que era la hermana del chico hospitalizado con el que yo había charlado y al que le había mandado libros. Me escribía para comunicarme que su hermano había muerto, pero que, en sus últimas horas, había dejado un mensaje para mí: quería darme las gracias porque aquellas conversaciones y libros habían sido los momentos más bonitos de su estancia en el hospital.

Tras dar el pésame a la hermana y mostrarle mi gratitud por haberse puesto en contacto conmigo, comprendí que aquel había sido el éxito más importante de mi carrera de escritor, iniciada dos décadas atrás.

Ni los premios ni las traducciones ni los ejemplares vendidos tenían importancia alguna, en comparación con el privilegio de haber podido acompañar a aquel lector en sus últimos días.

Solo por él ya valía la pena haber escrito miles y miles de páginas.

Cómo ser eternos

No he vuelto a la pregunta que encabeza el capítulo porque tenemos ya suficientes elementos para contestarla. Pero me gustaría terminar aportando mi propia respuesta, que es siempre una invitación para que tú des la tuya.

Encontrarás verdaderos maestros en todas partes siempre que tú seas un verdadero alumno. Es decir, si eres capaz de mirar la vida sin expectativas ni ideas preconcebidas, como una taza de te vacía que espera ser llenada con una infusión nueva.

Estamos en el mundo para aprender y enseñar, ambas cosas a la vez.

Un experto en marca personal me dijo una vez que la cumbre de un modelo o idea se da cuando sobrevive a su creador; es decir, cuando sigue beneficiando a la humanidad después de que te hayas marchado.

Por eso, todo lo que entregamos al mundo reverbera en los que están aquí y, como en una carrera de testigos, en los que algún día vendrán. Esa es la manera humana de vivir en la eternidad.

13. ¿Puede existir una vida sin sufrimiento?

Hace tiempo, escuché la historia de un congreso en el que se reunió a expertos de todo tipo de ciencias y disciplinas con el objeto de llegar entre todos a un acuerdo sobre una verdad que nadie pudiera discutir.

Tras días de debates, réplicas y contrarréplicas, al parecer al único acuerdo que llegaron tiene dos palabras en inglés y tres en castellano: *Things happen*, «las cosas pasan».

Así, sin más.

Y entre las cosas que pasan, muchas no nos gustan y nos provocan dolor. Esto ha dado alas a filósofos pesimistas como Schopenhauer, que, pese a declarar que «toda vida es sufrimiento», fue autor de una recopilación de pequeñas reglas para la vida que se llamaría *El arte de ser feliz*.

Una de las ideas que encontramos en su filosofía es que la felicidad perfecta no existe: solo podemos aspirar a un estado poco doloroso. Para ello conviene identificar y erradicar todas aquellas causas que, dependiendo de nosotros, provocan nuestro sufrimiento.

Con todo, existen dos visiones absolutamente contrapuestas

sobre el sentido del sufrimiento, que muchos autores coinciden en que es inalienable de la vida. Woody Allen afirmaba, con su ironía habitual, que «la única manera de ser feliz es que te guste sufrir».

En este último caso, nunca faltarán problemas de los que ocuparte. Pero veamos ya esas posturas vitales frente al sufrimiento.

David Benatar: el filósofo
más pesimista del mundo

Más incluso que Schopenhauer. De hecho, mucho más, ya que este profesor de filosofía de la Universidad de Ciudad del Cabo ha acuñado el *antinatalismo*, que defiende que no deberíamos traer nuevas personas al mundo.

Tal como aseguraba en una entrevista concedida a la BBC, «hay mucho dolor y sufrimiento en la existencia humana, así que por eso mismo es un error traer nuevos seres humanos al mundo».

Para este filósofo sudafricano, la única salida es dejar de procrear para que la humanidad se extinga de manera natural y, con ello, el mundo vuelva a su salvaje equilibrio.

Benatar estima que la mitad de los niños que nacen no son deseados, y los que lo son llegan al mundo a causa del egoísmo de los padres. No aterrizan en la vida porque sea algo bello y agradable, sino porque los progenitores quieren vivir lo que es criar un hijo y verle crecer. No tienen en cuenta los padecimientos y decepciones que le esperan en la edad adulta.

Ciertamente, muchos seres humanos tienen la suerte de iniciar su vida rodeados de cuidados y de felicidad, pero –afirma el autor– a todos nos espera un final de enfermedades, decadencia y sufrimiento casi seguro.

El título de su ensayo más conocido se las trae: *Better Never to Have Been* –«mejor nunca haber existido»–. Sin duda, este pensador ha encontrado su nicho en la negatividad radical, que nos sirve de contraste para el autor que, muy probablemente, mejor ha tratado la cuestión del sufrimiento.

Y sabe de lo que se habla, puesto que si alguien probó en sus carnes la crueldad fue el autor de *El hombre en busca de sentido*, del que ya hablamos en el capítulo 2.

El sentido del sufrimiento

En la segunda parte de la obra más popular de Frankl, el autor dedica un capítulo justamente al tema que nos ocupa. ¿Tiene un sentido el sufrimiento? El neurólogo austríaco opina rotundamente que sí, y nos pone este ejemplo de su propia consulta:

En una ocasión, un viejo doctor en medicina general me consultó sobre la fuerte depresión que padecía. No podía sobreponerse a la pérdida de su esposa, que había muerto hacía dos años y a quien él había amado por encima de todas las cosas. ¿De qué forma podía ayudarle? ¿Qué decirle? Pues bien, me abstuve de decirle nada y, en vez de ello, le espeté la siguiente pregunta:

–¿Qué hubiera sucedido, doctor, si usted hubiera muerto primero y su esposa le hubiera sobrevivido?

–¡Oh! –dijo–, para ella hubiera sido terrible, habría sufrido muchísimo.

A lo que le repliqué:

–¿Lo ve, doctor? Usted le ha ahorrado a ella todo ese sufrimiento, pero ahora tiene que pagar por ello sobreviviendo y llorando su muerte.

Frankl cuenta que, después de esta conversación, el viejo doctor le tomó la mano con gratitud y abandonó su despacho. Lo que acababa de suceder corroboraba su visión de que el sufrimiento deja de ser insoportable cuando le damos un sentido.

De hecho, la logoterapia se sustenta en la idea de que el interés principal del ser humano no es hallar el placer o evitar el dolor, sino encontrar un sentido a la propia vida.

Soy consciente de que esta no es una tarea fácil para la mayoría de las personas, especialmente cuando se encuentran en la cima del sufrimiento y son incapaces de pensar que «todo lo que sube baja», como se suele decir. A posteriori es mucho más fácil encontrar un sentido a las experiencias más duras.

Desde la humildad, me atrevo a plantear dos ventajas:

• *Sufrir nos vuelve empáticos ante el dolor de los demás.* Solo quien ha conocido grandes abismos de desesperación puede comprender y con el tiempo ayudar a quien se encuentra en esa misma situación. En ese sentido, haber padecido mucho te da conocimiento y herramientas para ayudar también mucho.

• *Sufrir nos permite apreciar mejor los momentos de bienestar.* Una vida lineal, sin grandes alegrías ni penas, sería algo muy parecido a estar muertos. Haber transitado épocas verdaderamente oscuras nos da las ganas de saborear cada brizna de la futura felicidad.

Del *por qué* al *para qué*

Los existencialistas aseguraban que la vida no tiene sentido alguno, pero en esto Frankl les daba la razón, ya que afirmaba que «lo que importa no es el sentido de la vida en términos generales, sino el significado concreto de la vida de cada individuo en un momento dado».

Es decir, tal vez no hay un *porqué*. Como vimos al principio, muchas veces «las cosas pasan» sin que haya una razón evidente. Pero podemos encontrarle un *para qué*, una utilidad, un sentido; incluso a las cosas más pequeñas que nos suceden.

Recuerdo estar un día charlando con mi amiga Nika Vázquez, psicóloga y autora de varios libros de desarrollo personal. En algún momento nos pusimos a hablar de los accidentes y cosas imprevistas que a todos nos suceden en la vida.

Estando en Italia, Nika dio un traspiés en una escalera helada y, a su regreso, supo que se había roto el tobillo. Esto la obligó a cambiar su día a día, a cancelar planes de viaje e incluso a tomar una decisión interna importante, como efecto secundario de la inmovilidad.

–¿Crees entonces que todo sucede por algo? –le pregunté.

–Nunca me ha gustado esa idea –confesó–. Yo prefiero pensar que las cosas suceden *para* algo.

Pensando posteriormente sobre esto, me he dado cuenta de que esta precisión es más que un cambio de preposición si observamos las implicaciones que tienen una y otra:

- TODO SUCEDE *POR ALGO* implica someterse al determinismo. Hay un destino que rige los acontecimientos, un plan divino, trazado por una fuerza superior invisible que nos coloca los obstáculos adecuados de modo que progresemos en cada punto del camino. Esta concepción de la vida nos coloca en una posición reactiva: no somos autores de nuestra fortuna, sino que vamos encajando los golpes, dando bandazos, salvándonos como podemos de los cataclismos de la vida. Y a veces te preguntas: ¿Por qué a mí?
- TODO SUCEDE *PARA* ALGO traslada la responsabilidad a uno mismo. Partimos de que los acontecimientos que vivimos no tienen un *porqué*. Como dicen en inglés: *Shit happens*, simplemente las cosas pasan, no le busques una razón. La vida es azarosa e incontrolable. Ahora, cada cual decide qué hace con los accidentes que le procura la existencia. Nuestra responsabilidad es decidir qué hacer con lo que nos sucede. ¿*Para* qué puede serme útil esta situación? Eso es ser proactivo.

Si se ha terminado tu relación de pareja, has perdido tu trabajo o te has partido el pie y te instalas en el *porqué*, puedes entrar en un circuito de pensamientos dolorosos y victimizantes. Pero en el momento en que lo cambias por un *para qué*, el resultado es totalmente distinto. Veamos algunos ejemplos:

— Ha terminado tu relación de pareja *para* que puedas darte cuenta de todo lo que no funcionaba, *para* dar un salto adelante y vivir tu próximo amor de un modo mucho más sano y satisfactorio.

— Has perdido tu trabajo *para* encontrar algo que de verdad te apasione, *para* tener la oportunidad de realizarte por fin y hacer de tu vida una historia con sentido.

— Te has partido el tobillo *para* dejar de correr, *para* detenerte a examinar lo que ha sido tu vida últimamente, tomando decisiones que te permitan pasar a una nueva etapa.

Retomando nuestra pregunta: ¿puede haber una vida sin sufrimiento? Muy probablemente no, porque la vida es un juego de claroscuros. Pero si le damos un sentido, un *para qué* a todo lo que nos toque experimentar, unas veces disfrutaremos y otras aprenderemos.

14. ¿Qué sentido tiene, entonces, seguir viviendo?

Encontrar un sentido al sufrimiento no significa que la vida, en sí, tenga sentido. Como vimos en el capítulo anterior, es bien posible que no lo tenga, pero está en nuestra mano dárselo con nuestras acciones y nuestro propósito vital.

Aun así, mucha gente encontrará siempre razones para el nihilismo.

En mi época gótica, había una canción de la banda Seres Vacíos que decía: «Yo no sé por qué un día nací si ahora tengo que morir».

Seguramente lo has pensado alguna vez. No nos pidieron permiso para nacer, no nos piden opinión sobre el momento de morir. ¿Qué sentido tiene todo esto?

Hay alguien que tiene una respuesta. En uno de los vídeos más inspiradores de la historia de YouTube, el biólogo Richard Dawkins, autor del clásico *El gen egoísta*, explica en menos de un minuto por qué deberíamos estar saltando de alegría por el solo hecho de estar aquí. Lo escribió para su propio funeral y dice así:

Vamos a morir, y eso nos convierte en los afortunados. La mayoría de la gente no morirá nunca, porque no va a nacer nunca. La gente que podría haber estado en mi lugar, pero que, de hecho, nunca verá la luz del día, sobrepasa con creces el número de granos del desierto del Sahara. Sin duda, entre esos espíritus no nacidos hay poetas más grandes que Keats, científicos más grandes que Newton. Sabemos esto porque el conjunto de personas posibles que permite nuestro ADN supera de forma masiva al conjunto de las personas que existen. A pesar de esta abrumadoramente pequeña posibilidad, somos tú y yo, en nuestra vida ordinaria, quienes estamos aquí. Nosotros, los pocos privilegiados que ganamos la lotería de nacer contra todo pronostico, ¿cómo nos atrevemos a lloriquear por nuestro inevitable regreso a ese estado previo del que la inmensa mayoría jamás escapó?

Dawkins se declara ateo, pero eso no le impide reconocer la gran suerte que hemos tenido al nacer.

Si, contra todo pronóstico, hemos ganado la lotería y estamos aquí, habrá que hacer una fiesta. Más que eso, habrá que darle un argumento a esa fiesta.

El arte de las fiestas

Cuando hablamos de nuestros talentos, pensamos en lo más obvio que proyectamos en la sociedad. Y lo cierto es que somos reconocidos por un número muy limitado de capacidades, a veces por una sola.

A mí me reconocen como escritor, conferenciante y otras capacidades derivadas, pero esos son solo mis talentos oficiales. Como todo el mundo, tengo otros que solo conocen aquellos con los que comparto mi vida privada. Dicen que poseo el don de apaciguar a los recién nacidos. Cuando me ponen una criatura en brazos, la sostengo mirando hacia su madre o padre y el pequeño Buda puede estar horas plácidamente, sin quejarse.

Otro es tramar fiestas, y utilizo ese verbo en todo su sentido, ya que una celebración sin trama es como una novela sin argumento; se acaba aburriendo hasta el propio organizador. A lo largo de mi vida he organizado cientos de fiestas para las que preparaba un guion –con sus sorpresas y giros– que las dotara de contenido y las hiciera memorables.

¿Es posible llevar ese espíritu a todas las facetas de nuestra vida?

Por supuesto que sí. En el momento que aceptamos la gran suerte de haber nacido, cada día es motivo de celebración.

Ese es el mensaje primordial que aprendí de *El mago*. Si no te gusta tu realidad, crea otra a tu medida en la que puedas ser tú. Si la vida te parece aburrida…, es porque no te has dado cuenta de que estás al cargo de la fiesta.

Para encontrarle el sentido a este lío en el que andamos metidos, enumero cuatro razones para celebrar la vida, además de que nos haya tocado la lotería.

1. **Porque Dios colocó las mejores cosas de la vida al otro lado del miedo.** La frase no es mía, sino de Will Smith, pero nos sirve para hablar del gran enemigo de la fiesta vital: el miedo. Si desde el minuto cero temes la llegada de la policía, no podrás celebrar el mítico concierto de

despedida que dieron los Beatles en la azotea de Apple Corps. Nuestra existencia en este mundo es como ese concierto mítico de 1969. No sabemos cuándo va a terminar el *show*, pero nunca llegará a arrancar si nos guiamos por el miedo. Algún día caerá el telón, pero, mientras estemos aquí, hay que darlo todo.

2. **Porque cuesta el mismo esfuerzo vivir amargado que feliz.** Estar enfadado es todo un trabajo, y no solo porque luego haya que desenfadarse, como dice la sabiduría popular. Mientras mantienes la ira, todo tu cuerpo está en tensión, con lo que te cansas tres veces más de lo normal. Se dispara la adrenalina y el cortisol; puede que incluso tengas palpitaciones y sudores fríos. Si te metes en la cama después de un «calentón», tienes aseguradas muchas horas de mal descanso. Aunque sea por practicidad y para preservar la salud, merece la pena estar en el lado soleado de la vida.

3. **Porque una actitud amable y positiva es un buen negocio.** Las personas de trato agradable, que sonríen y escuchan a los demás, cuentan con una importante ventaja competitiva a la hora de encontrar un trabajo, lograr la confianza ajena, o incluso cerrar una venta. Hacer que los demás se sientan bien tiene un valor que va más allá de la cortesía. Sirve para establecer vínculos de cara a futuras colaboraciones. Cualquiera que sea tu proyecto, esta virtud te ayudará sin duda en tu camino. Ser amable y cariñoso con los demás sale a cuenta.

4. **Porque nadie se acuerda de los cascarrabias.** A no ser que formen parte de nuestras pesadillas. En cambio, todo

el mundo recuerda con cariño a las personas que les hacen sentir bien. En uno de los conciertos *underground* que organizo en casa un domingo al mes, una vez actuó una joven cantante catalana llamada Magalí Sare. Una de sus canciones, *Venim a aquest món* («Venimos a este mundo»), resume esto de maravilla. Traducida al castellano, dice: «Venimos a este mundo para marcharnos / pero lo mejor que te puede pasar / es que rían cuando llegas / y que lloren cuando te vas».

Las cinco vidas de Kim Ki Duk

Nunca he creído en la reencarnación entre vidas. Justamente por lo que decía Dawkins, después de todo lo que ha tenido que pasar para que podamos nacer, me resultaría raro que me volviera a tocar la lotería. Además, la población ha ido creciendo exponencialmente, lo cual significaría que hay más recipientes en la actualidad que almas puedan encarnarse.

Pero no me voy a meter en este jardín, puesto que se trata de cosas que nadie puede comprobar.

Sí creo en la reencarnación, en muchas de ellas, dentro de una misma existencia. A continuación, veremos un caso práctico, pero antes quiero remarcar una gran ventaja de empezar de cero, tanto si es por elección como si nos hemos visto arrastrados a ese trance. Aunque tu vida anterior te resultara vacía y sin sentido, tienes una nueva oportunidad ahora.

Para quien dude de la capacidad humana de reinventarse, merece la pena repasar las vidas –sí, en plural– de Kim Ki

Duk, uno de mis directores de cine favoritos desde que vi la silenciosa *Hierro 3*.

Sus constantes reencarnaciones terminaron a los 59 años en Riga, Letonia, donde en el 2020 la Covid-19 se lo llevó por delante. Hasta ese momento, este singular coreano vivió numerosas existencias. Vamos a contarlas:

- *Vida* 1. Tras nacer en 1960 en una familia rural, se educó en Seúl para dedicarse a la agricultura. Finalmente cambió de idea.
- *Vida* 2. Con diecisiete años, interrumpió su formación y aceptó un empleo como obrero de fábrica para tener autonomía financiera.
- *Vida* 3. La experiencia fabril no debió de gustarle, puesto que a los veinte decidió alistarse en la infantería de marina. Allí permanecería como suboficial hasta los veinticinco años.
- *Vida* 4. Después de abandonar el ejército, decidió dedicarse a la pintura. Para ello se trasladó a París, donde formó parte de la bohemia de Montmartre. Estando en esta ciudad, fue por primera vez al cine. Ver *El silencio de los corderos* y *Los amantes del Pont Neuf* le causó tal impresión que tomó un nuevo rumbo.
- *Vida* 5. De vuelta a Corea, se presentaría a varios concursos de guion que le abrieron las puertas del séptimo arte. En su quinta existencia, empezó una prolífica carrera como director de películas como la que he citado o la bella *Primavera, verano, otoño, invierno… y otra vez primavera*.

El camino hacia la próxima reencarnación

Tal vez, la trayectoria camaleónica de Kim Ki Duk esté solo al alcance de almas muy inquietas, pero es un ejemplo vivo de que nada está escrito hasta que exhalamos nuestro último suspiro.

Para terminar este capítulo, te propongo un ejercicio que solemos dar a los alumnos en nuestros talleres de escritura:

1. Imagina que tu vida, tal como la has vivido hasta ahora, fuera un libro. ¿Qué título le pondrías? (No puede ser tu nombre).
2. Piensa en cuántas existencias has pasado hasta ahora. La infancia puede ser una. Haz un índice de capítulos con los nombres de esas etapas.
3. Y ahora viene lo más interesante: imagina cuál puede ser tu próxima vida. Ponle título y atrévete incluso a redactar una sinopsis de lo que quieres experimentar en ese capítulo.

Dado que este ejercicio, en el papel y en la vida, solo lo puede hacer cada uno, si no encuentras sentido a tu existencia actual, de ti depende impulsarte hacia una nueva etapa con propósito.

15. ¿Cómo lidiar con personas difíciles?

Sea por paciencia o por cobardía, me considero un experto en tratar con personas a las que poca o ninguna gente aguanta. Por definición, la única forma de relacionarte con estos perfiles es adaptándome a sus rígidos puntos de vista y manías.

Si lo haces, todo funciona como una seda. Es más, te tendrán gran aprecio y querrán contar contigo en toda ocasión.

Con más o menos cintura, todos tenemos a personas difíciles en nuestra vida; algunas por obligación, otras por decisión. En este último caso, la pregunta sería qué nos aportan para que tengamos que soportarlas.

Se me ocurren varias posibilidades:

- *Compasión*. A fuerza de pelearse con el mundo, este tipo de personas suelen estar bastante aisladas. Necesitan de contacto humano para explicar las afrentas e injusticias que sufren. Esto hace que a la oreja amiga le cueste retirarse.
- *Miedo*. Algunos caracteres complicados son, además, bastante agresivos. Su corta camarilla tiene cierto temor

a desaparecer, por la reacción que pueda darse en la otra parte. Para evitar problemas, a menudo se prefiere seguir aguantando. Como mucho se dosifica su compañía siguiendo el lema norteamericano: *He/She is ok in small dosis*.

* *Curiosidad.* No hay que negar que estas personas, por su singularidad, pueden llegar a ser interesantes. Su rigidez provoca constantes choques con el mundo, lo que da lugar a contar historias chocantes o incluso hilarantes, aunque no es aconsejable reírnos en su presencia.

El viaje imposible

Quizás, el ámbito en el que más se revela la rareza de una persona es el viaje. Fuera de la zona de confort donde se halla su normalidad, cambiar de ciudad, de paisaje, de habitación, de comida sume a la persona en un estrés que le resulta difícil de gestionar. Además, la convivencia constante entre viajeros no ayuda a facilitar las cosas, en especial si solo son dos quienes están en camino.

Aquí es donde cobra todo su sentido la famosa frase del Dalái Lama de que tu enemigo es tu maestro, porque te obliga a practicar la tolerancia, la flexibilidad, etcétera.

¿Es realmente así?

Así lo ve también la doctora Elisabeth Kübler-Ross, conocida por haber atendido a lo largo de su vida a innumerables moribundos. No debe de ser fácil ayudar a alguien a cruzar el umbral, especialmente cuando la persona no se siente preparada para ello.

Sus palabras son muy parecidas a las del líder del budismo tibetano:

> Suele ocurrir a menudo que precisamente las personas con las que tenemos peor relación son las que mejor nos permiten desplegar todos nuestros recursos. Por frustrantes que sean, tal vez sean justamente las que necesitamos: la persona «menos adecuada» suele ser nuestro mejor maestro.

Según la autora de *La muerte: un amanecer*, las personas que están «fuera de sí» nos permiten llevar al límite nuestras capacidades. Según el modelo de Kübler-Ross, cada dificultad es una invitación a: 1) aceptarla, 2) afrontarla con la mejor actitud, y 3) aprovecharla como una oportunidad de transformación.

En la primera carta de Pedro, sus palabras parecen apuntar en esta misma dirección:

> Cada uno, según el don que ha recibido, adminístrelo a los otros, como buenos dispensadores de las diferentes gracias de Dios.

Todos somos difíciles para alguien

Una buena actitud para lidiar con personas difíciles, sobre todo cuando tenemos la obligación –moral o profesional– de estar con ellas, es recordar las dificultades que nosotros mismos hemos ocasionado a otros.

En mi caso, reconozco haber sido un niño y adolescente infernal, pese a la timidez que exhibía ante el mundo. De puertas

adentro, en mi infancia era caprichoso y colérico, muy aficiona-
do a jugar con fuego, además. Esto lo digo en un sentido literal,
porque me gustaban las cerillas y el alcohol de desinfectar heridas, con lo que provoqué más de un pequeño incendio en casa.

A partir de los quince años, empecé a salir casi todas las noches a conciertos en destartaladas salas de *punk* donde más de
una vez volaban las sillas sobre las cabezas de los espectadores.

Mi madre me esperaba siempre despierta, y casi nunca me
recriminaba nada. Simplemente, esperaba cosiendo a que yo
regresara. Cuando me dejaba caer sobre la cama, con el cuerpo
a reventar de cerveza, ella apagaba la luz.

Esta clase de situaciones fueron continuas durante unos
cuantos años. En comparación con mi yo adolescente, cualquier
persona difícil con la que yo deba tratar ahora es pan comido.

Pero volvamos al tema que nos ocupa en este capítulo.

Para gestionar caracteres difíciles

Hay algunas normas generales que nos servirán para tratar con
todo tipo de perfiles complicados, más allá de su idiosincrasia:

1. *Aceptar que son así y no vas a cambiarlos.* Tratar de
   modular, ordenar o manipular esta clase de personas es
   misión casi imposible. Primeramente, porque creen que
   llevan razón y es el resto del mundo el que está equivo-
   cado. En segundo lugar, porque suelen ser orgullosas y
   poco flexibles. La psicóloga Nika Vázquez, que antes he
   mencionado, cuando un paciente le repite las afrentas de

un determinado familiar, le responde: *¿De qué te sorprendes? Sabes perfectamente que es así.*

2. *No juzgar.* Hay que aceptar que la persona se comporta así porque no sabe hacerlo de otro modo. Están de más los comentarios correctores como «Yo en su lugar…». No estás en su lugar. Es una persona totalmente distinta a ti, con su propio pasado, condicionantes y visión del mundo.

3. *Mantenerte en tu sitio.* Si te dejas arrastrar a su laberinto, te vas a perder con él o ella. Puedes escucharle, tratar de ayudarle incluso, pero ten muy claro quién eres y cuál es tu visión de las cosas. No le des la razón si crees que no la tiene, pero tampoco trates de convencerle de lo contrario porque será una pérdida de tiempo.

4. *Ponle humor.* El trato con la persona difícil puede vivirse como un drama o como una comedia. Más vale quedarse con la parte graciosa del asunto que perder los estribos.

En su libro *Tratar con personas difíciles*, Brinkman y Kirschner dan algunas fórmulas para contrarrestar distintas tipologías:

- *Agresivas.* Debes poner límites claros para hacerte respetar, ya que este perfil no ataca a quien respeta.
- *Sarcásticas.* Es necesario cortar por lo sano los comentarios, aunque haya que dejar a la persona en evidencia.
- *Sabelotodos.* Para bajarle los humos, pregúntale todas las veces que sea necesario por qué cree saber lo que dice que sabe.
- *Quejicas.* Ayúdale a encontrar soluciones que esté en su mano aplicar.

- *Negativas.* No hay que seguirle la corriente y evitar perder la paciencia.

Los dramas de control

Una de las ideas más novedosas de *Las nueve revelaciones*, la novela inspiracional que publicó James Redfield en 1993, fue lo que el autor denomina «dramas de control». En muchas interacciones humanas, sostiene, los seres humanos pugnan por la energía y atención de los otros.

Adoptando una de estas cuatro estrategias, tratan de robar psicológicamente a los demás para aumentar su energía personal, en lo que el escritor norteamericano define como «una competición inconsciente que subyace en todos los conflictos humanos en el mundo»:

- *El intimidador.* Capta la atención a través de su fuerte carácter, valiéndose incluso de gritos o amenazas más o menos veladas. Controla su entorno a través del miedo.
- *El interrogador.* Hace preguntas a su interlocutor hasta encontrar su punto débil o algo que pueda censurar o criticar. Esto hace al otro vulnerable e inseguro, con lo que puede ser dominado.
- *El distante.* En una fiesta, es la persona que se mantiene al margen de los demás. Su estrategia es que nos preocupemos para, finalmente, acercarnos a él o ella y preguntarle: «Te ocurre algo?». Es posible que dé una respuesta vaga, como: «Nada, no tiene importancia». Cuando

empiezas a preguntarte si has hecho algo malo, ya se ha apoderado de tu energía.

- *El «pobre de mí»*. Quizás sea el más común de los cuatro perfiles. Siempre cuenta desgracias y señala culpables. Se muestra indefenso y débil, en constante sufrimiento. Al hacernos partícipes de su drama, nos empieza a manipular.

Judo verbal

A principios del siglo XX, un profesor de inglés que era cinturón negro de artes marciales decidió unir el judo y la comunicación verbal para encontrar una manera efectiva de resolver conflictos.

George J. Thomson creó así la disciplina del *Judo verbal*, que se sustenta en estas cinco verdades universales de la interacción humana:

1. Todos necesitamos sentirnos respetados.
2. Todos preferimos que nos pregunten a que nos digan qué tenemos que hacer.
3. Todos tenemos el deseo de saber *por qué*.
4. Todos preferimos las opciones a las amenazas.
5. Todos queremos tener una segunda oportunidad.

¿Cómo se aplica esto al campo del lenguaje? En especial, al tratar con personas difíciles o susceptibles, hay una serie de expresiones que deberíamos evitar, porque a nadie le gusta escucharlas y solo sirven para encender a la otra persona:

- «¿Cuál es tu problema?». Esta es una frase desafortunada que desencadenará con facilidad un enfrentamiento. Resulta mucho más efectivo decir: «¿En qué puedo ayudarte?».
- «De todos modos, no lo entenderías». Diciendo esto estamos poniendo en duda las capacidades intelectuales de nuestro interlocutor, lo cual no se traducirá en una buena reacción. Mucho más útil y asertivo es decir: «Permíteme que te intente explicar…».
- «Estas son las normas». Si hay un reglamento estricto, al menos la primera vez habría que intentar explicarlo para convencer a nuestro interlocutor.
- «No es asunto tuyo». Otra expresión innecesariamente ofensiva. Si algo no puede decirse, es mucho más respetuoso que expliquemos las razones.
- «¿Y qué quiere que haga yo?». Con ello estamos traspasando nuestra impotencia a la otra persona, que se va a sentir frustrada. Más amable es decir: «Lo siento, no sé qué hacer ahora mismo, pero me gustaría poder ayudarte».
- «¡Cálmate!». Paradójicamente, pocas expresiones enervan más. Sobre todo, porque este imperativo suele expresarse gritando. Es preferible bajar la voz y proponer algo como: «Hablemos, seguro que hay una solución».
- «Tú nunca…» / «Tú siempre…». Error. Al señalar al otro en tono de reproche, solo conseguimos que se ponga a la defensiva. Además, la generalización se vive como una injusticia. Es mejor precisar: «En este momento, tú…».

Espero que todas las herramientas que he reunido en este capítulo te sirvan para relacionarte mejor con las personas difíciles. A modo de cierre, para ser más indulgentes, solo quiero recordar el célebre consejo de Platón: «Sé amable con todo el mundo, pues cada persona libra algún tipo de batalla».

16. ¿Por qué a veces no logro liberarme de la tristeza?

Desde que abandoné mi trabajo como editor de autoayuda, a finales del siglo pasado, empecé a recibir encargos de distintas publicaciones para hablar de estos temas. Desde la sección de psicología de *El País Semanal* a revistas como *Integral*, *CuerpoMente* y otras que han dejado de existir, he escrito muchos cientos de artículos sobre desarrollo personal.

Sin embargo, hay uno entre todos ellos que considero especial, porque mi misión no era divulgar una tendencia de crecimiento personal o espiritualidad, tampoco hablar de un nuevo libro.

La editora de la revista *MenteSana* me preguntó si me atrevería a hablar de mi depresión y cómo la superé. Me dijo que sería de gran utilidad para los lectores que pudieran pasar por un trance similar, o que tuvieran que ayudar a otros.

Por aquel entonces, no se habían publicado libros como *Yoga*, donde Carrère desnuda sus miserias, y yo no conocía a ningún autor del mundillo que hubiera compartido su testimonio. Quizás porque se entiende falsamente que quienes escribimos sobre estos temas somos inmunes a la depresión.

El caso es que acepté. Hacía pocos meses que había regresado a la luz, así que pude describir con detalle todo mi proceso de salida del pozo. Posteriormente recibí muchos correos amables de personas que me daban las gracias, fuera en su propio nombre o de sus allegados.

Al concebir este libro, mi deseo era responder a esta pregunta con aquel artículo tan personal. Doy las gracias a los maravillosos editores de *MenteSana* por haberme autorizado a reproducirlo. Lo que sigue es mi testimonio.

Cuando la tormenta no cesa

Pese a afectar, en un momento u otro de su vida, a buena parte de la población, la depresión es para muchas personas un tabú. No solo un tema del que se evita hablar, sino que a menudo se esconde que se ha padecido, como si fuera algo vergonzoso que hay que olvidar cuanto antes.

Sin embargo, hay muchas lecciones vitales que se aprenden en una experiencia como la que voy a contar en primera persona.

Los motivos concretos que desembocaron en mi depresión no son relevantes aquí. Basta decir que confluyeron una separación, la ruina económica y el sentimiento de traición por parte de amigos cercanos.

Era lo que los médicos denominan depresión exógena –causada por acontecimientos exteriores–, y en un primer momento no quise someterme a terapia alguna. Atribuía mi bajo estado de ánimo al vendaval de consecuencias negativas que estaba cosechando por haber tomado muchas decisiones equivocadas.

Consciente de mis errores, en breve podría reconstruir mi vida de manera mucho más sólida.

Se trataba de aguantar hasta que pasara la tormenta emocional.

Una travesía en soledad

Pero una cosa es la teoría y otra la práctica. Esta situación adversa –una compañera la describió como «un sumatorio de calamidades»– era amplificada por mi repentina soledad, ya que, además de estar sin pareja, mucha gente se había alejado de mí por temor a que les pidiera un préstamo, o que los agobiara con mis problemas.

Hay que tener una naturaleza muy fuerte y compasiva para acompañar a alguien que pasa por un proceso depresivo, ya que las conversaciones negativas tienden a repetirse y nada de lo que digas o hagas parece ayudar al otro, aparte de ser escuchado.

El hecho de que, como escritor y *free-lance* del periodismo, trabajara en casa supuso una dificultad añadida para salir del pozo. Me pasaba el día lamiéndome las heridas, sin motivación alguna para salir porque estaba decepcionado con el mundo y, si me sinceraba con alguien, no me sentía comprendido.

Esto hizo que la tormenta, en lugar de amainar, se intensificara. Pronto perdí el hambre –llegué a bajar seis kilos en una semana– y no lograba dormir más de tres horas, ya que la centrifugadora de ideas negativas se activaba de nuevo tras ese lapso.

La ayuda externa

Al comprender que por mí mismo no saldría de aquella, busqué terapeutas que me pudieran acompañar en el proceso. Y hablo en plural porque fueron varios. De hecho, siguiendo el consejo de algunos compañeros de profesión, llegué a tener hasta tres a la vez: una psicóloga de corte humanista, una terapeuta de EMDR para ayudarme a dormir, y un médico amigo que me prescribió un poco de medicación durante unos meses, ya que en sus palabras: «Para salir de donde estás ahora, tienes que tomar una serie de decisiones que requerirán de ti que estés mejor de como estás ahora».

Todos ayudaron a su manera y, finalmente, llegué a una especie de apatía que me permitía hacer vida normal, lo cual no significaba que hubiera recuperado la ilusión de vivir.

Los límites de la terapia

Todo terapeuta realiza su trabajo lo mejor que puede. Su acción es inspiradora pero puntual, no debe confundirse con el calor de un verdadero amigo. En mi caso, cuando salía de la consulta de la terapeuta humanista, que fue con quien estuve más tiempo, me sentía empoderado para darle un vuelco a mi existencia, pero al cabo de 24 horas mi estado de ánimo volvía a decaer.

Cuando el bajón era muy acusado, no tenía la opción de pedir una visita urgente. Al ser una terapeuta muy conocida –reflejé nuestras conversaciones en la fábula *La lección secreta*–, tenía la agenda llena a tres semanas vista, incluso para hacer un Skype. Como mucho, podía aspirar a hablar un par de minutos por teléfono. En un caso así, saber que deberás aguardar tanto para tratar lo que te angustia es como, para quien está muerto de sed, saber que hay un oasis a quince días de camino.

Los ángeles guardianes

Afortunadamente, conté con fuentes más sutiles pero constantes que me refrescaron de forma diaria en la travesía. Se trataba de dos amigos que me dieron aliento hasta que recuperé la marcha normal en mi vida.

Uno de ellos era un doctor en Biología que vivía en Chile, donde había sido contratado como profesor universitario. Al conocer mi estado, empezó a llamarme cada noche a la misma hora para que le contara los avances del día y mis preocupaciones. A su vez, él me contaba anécdotas que me hacían reír.

Durante más de tres meses, esperaba cada noche aquella hora en la que, con este ángel guardián, retomaba el hilo de la humanidad, pese a los más de 10.000 kilómetros que nos separaban.

El otro ángel guardián era una amiga reciente, y compañera de trabajo, que empezó a acudir cada lunes por la mañana a mi casa a tomar el té. Nunca tenía prisa y hablábamos de libros, vivencias y proyectos. Una mañana vimos juntos incluso una película que duraba casi tres horas. Además de eso, cada tarde me escribía un WhatsApp para asegurarse de que yo seguía aquí.

Con la perspectiva del tiempo, he entendido que estos dos amigos fueron mis principales aliados para escapar del infierno que me había construido yo mismo.

La ayuda interna

Además de contar con este valioso apoyo externo, pronto me di cuenta de que la verdadera transformación no tendría lugar a no ser que yo hiciera algo por mí mismo.

Antes de caer en la depresión, había estado trabajando ya un par de años con terapias artísticas. No solo como *sherpa* literario –ayudando a nuevos autores a alcanzar la cima de su primer libro–, sino también a través de un método que bauticé como *Piano Satori* y que permite a cualquier persona tocar el piano a dos manos desde el primer día.

Los resultados habían sido sorprendentes. No solo por la rápida progresión de los que se creían «negados» para la música, sino por la autoestima que ganaban al lograr algo que habían considerado imposible, además de despertar una sensibilidad dormida.

Quien necesitaba ahora despertar era yo, así que, aplicándome mi propia medicina, me asigné una misión: componer una pieza de piano al mes durante un año, en un proyecto denominado *The 12 Autumns* que hoy puede escucharse en Spotify o YouTube.

Además de colaborar con un músico diferente cada mes, lo cual me procuraba compañía, aquello era una radiografía de mi alma. A través de las canciones podía percibir mi evolución, como le sucede a cualquier persona que escriba, pinte o haga otra actividad artística que refleje su interior.

Una nueva sabiduría

Completada mi travesía del desierto, llegó el momento en el que me sentí a punto para regresar al mundo como alguien diferente. Había sufrido y había aprendido. Ahora podía empatizar mucho más con el dolor de los demás, comprender sus procesos desde la experiencia.

Mi ángel de Chile me propuso entonces un nuevo desafío: tras muchos meses de vida monástica, me lanzó el reto de salir cinco días seguidos, de lunes a viernes, con cinco personas que aportaran algo nuevo y diferente a mi vida. Así lo hice y la segunda cita, la del martes, se convirtió en quien es mi pareja desde hace dos años y medio.

Nunca más me he sentido solo. Tampoco cuando estoy a solas conmigo mismo.

Consejos prácticos para una travesía del desierto

Aunque el primer paso sería consultar con un especialista si necesitamos seguir un tratamiento, hay una serie de pautas que pueden hacer más llevadero este periodo de tristeza y transformación:

- *Déjatelo sentir.* La máxima de la Gestalt apunta a un problema añadido de muchas personas que se sienten culpables por el hecho de no estar alegres, lo cual es una metaemoción que complica aún más su estado. Tienes permiso para sentirte como quieras.

- *Mantén los hábitos cotidianos.* El aislamiento que siente la persona deprimida puede hacer que relaje la frecuencia del aseo y que no se preocupe por la ropa con la que sale a la calle, lo cual acaba generando rechazo en los demás. Es importante no ceder a la tentación de abandonar las buenas rutinas diarias, incluyendo la alimentación y el sueño.

- *Busca un terapeuta con quien sientas afinidad.* Se trate de un médico o de un psicólogo, es esencial que esta persona te inspire confianza y te sientas cómodo en su presencia. No te guíes solo por las recomendaciones. Para que la terapia sea efectiva, tiene que haber «feeling».

- *Exprésate diariamente.* Elige el medio artístico que te resulte más cercano –escribir, dibujar, tocar un instrumento– y dedica un tiempo cada día a plasmar cómo te sientes. Además de entrenar la disciplina, te permitirá entender mejor lo que te bulle por dentro, así como los progresos que vas haciendo en el proceso de sanación.

- *Busca compañías nutritivas.* Aunque no percibas ángeles de la guarda a tu alrededor, aprovecha cualquier excusa para salir y relacionarte con otras personas. Trata de escuchar e impregnarte de su mundo, en lugar de descargar en ellas tus propios demonios.

- *Sé consciente de la temporalidad.* Un viejo cuento habla de un anillo mágico con la inscripción «Esto también pasará». Como dice Joan Garriga, piensa que la tristeza no dura para siempre, ya que se acaba transformando en sabiduría.

17. ¿Se puede hallar la paz en este mundo frenético?

La era de la velocidad ha sido remplazada por la era de lo instantáneo. Con solo un clic, ordenas la compra o reservas un vuelo hacia la otra punta del mundo. Sin embargo, ¿nos hace eso más felices?

El divulgador Eduard Punset, fallecido en el 2019, decía: «La felicidad está en la sala de espera de la felicidad», algo que probablemente hemos olvidado.

En mi infancia, yo solía acudir a una pequeña librería que estaba en la esquina de la calle Copérnico y Muntaner. La llevaban dos mujeres de mediana edad, lectoras empedernidas, y casi nunca había lo que yo buscaba. El pequeño espacio solo daba para exponer las últimas novedades y algunos títulos que les gustaban a las libreras.

Siempre tenía que encargar lo que quería leer, y con ello me regalaba la felicidad de la espera. Cuando, una o dos semanas después, me llamaban para avisarme de que el libro ya estaba allí, salía corriendo. Estaba muy contento de tenerlo por fin en las manos. Nada más llegar a casa, empezaba a leerlo.

Hoy este ritual se soluciona con un clic para que, en el plazo de 24 horas, tengas el libro en tu puerta. Carente de emoción, muchas veces el paquete duerme días o semanas enteras en mi mesa antes de sacarlo de su mortaja de cartón.

Pero ¿qué es lo que se mueve?

Hace unos años, en Estados Unidos tuvo mucho éxito un monje coreano, autor de *Aquello que solo ves al detenerte*. Es un ensayo en el que presenta los beneficios de vivir más despacio y con más atención.

Haemin Sunim vincula ambas cosas; solo si bajas el ritmo, o incluso te paras, podrás darte cuenta de cosas que ahora se te escapan. El primer capítulo se abre con una cita que me hizo pensar:

> Cuando todo a mi alrededor se mueve tan rápido, me detengo y me pregunto: ¿es mi mundo el que está frenético o es mi mente?

Resulta fácil confundir una cosa con otra.

Antes de caer en la depresión que he contado en el anterior capítulo, me encontraba en un frenesí de actividad que no tenía justificación alguna. Yo estaba convencido de que el mundo me obligaba a vivir así, pero en realidad era yo quien había decidido cabalgar sobre esa locura.

Simultaneaba siempre varios proyectos editoriales a la vez: uno o dos libros míos, tres o cuatro de otros autores que supervisaba, junto con otras tareas, como: redactar propuestas o informes, hacer presentaciones o acudir a reuniones de márketing.

Era tal mi fijación por multiplicarme, creyendo ser indispensable en todas partes, que siempre comía fuera por trabajo. Y más que eso. Tener la agenda a punto de explotar me había llevado a almorzar en dos restaurantes a la vez. Sí, no es ninguna broma. El primer plato lo hacía en una reunión y el segundo o los postres, en otro restaurante con otra gente.

Así era mi vida hasta que saltó por los aires.

Yo era como los ejecutivos al borde del colapso que Álex Rovira había conocido en su época de consultor, uno de los cuales llegó a gritar: «¡Es urgente que sea urgente!».

Hoy me avergüenzo de aquella época de mi vida, en la que, además de trabajar al límite de la extenuación, cometí no pocas tonterías.

El sentido de que explique aquí esta anécdota es refrendar la visión de Haemin Sunim. Cada vez que sintamos que la vida nos desborda, «haciendo malabarismos con bolas de nieve en el infierno», como suele decir un amigo mío publicista, hay que repetirse la pregunta del monje: *¿Es mi mundo el que está frenético o es mi mente?*

Puesto que el propio mundo es una proyección de mis creencias y ansiedades, tendré que ocuparme sí o sí de mi mente.

En su *Elogio de la lentitud*, el periodista canadiense Carl Honoré hablaba de la «enfermedad del tiempo», definida como «la creencia obsesiva de que el tiempo se aleja y debes pedalear cada vez más rápido».

Si las prisas y urgencias son una percepción estrictamente humana, la buena noticia es que la vida en sí no es lenta ni rápida, no está ocupada ni reposando; somos nosotros quienes decidimos ir a la carrera o adoptar un ritmo tranquilo.

Por lo tanto, en referencia a la pregunta de este capítulo, no hay que hablar de un mundo frenético –Alan Watts decía: «Como el mundo no va a ninguna parte, no hay prisa»–, sino de una mente frenética. Y la cuestión es cómo serenarla.

A bote pronto

Espero que me disculpes el juego de palabras, pero mientras escribía este capítulo me ha venido a la mente la famosa *Ola de Kanagawa* del artista japonés Hokusai. En este grabado, se ve a dos grupos de hombres remando en su bote, en medio de una tremenda tempestad.

Por el orden con el que clavan sus remos en el mar embravecido, vemos que mantienen la calma en medio de la tormenta que amenaza con hundirlos. Sin esta serenidad y concentración, no podrían salir vivos.

Me parece una lección vital en tiempos revueltos, aunque la clave es entender que, como decía el psicólogo y escritor Wayne Dyer: «La paz es el resultado de volver a entrenar tu mente para procesar la vida tal como es, en lugar de cómo crees que debería ser».

Cuando nos damos cuenta de que el mundo es simplemente neutro, y que nosotros lo teñimos con nuestra tranquilidad o nuestras prisas, se abre un campo muy fértil para el cambio.

Chowa: el orden empieza en casa

Si hasta ahora hemos vivido siempre en el frenesí y la sobreactividad, ¿cómo podemos empezar a temperar nuestra mente?

Una de las muchas palabras japonesas que no tienen equivalente en nuestro léxico es *chowa*, que podemos traducir como «búsqueda de la paz». Si has visitado el país del sol naciente, habrás observado el extremo orden y limpieza por el que se rigen los japoneses: desde el silencio impecable del tren bala, donde la camarera se gira para saludar con una reverencia antes de abandonar el vagón, hasta el recibidor de las casas niponas, donde dejamos los zapatos para no introducir el polvo del mundo.

Aplicado a nuestro hogar o despacho, vivir en medio de la acumulación y el desorden no facilita la claridad mental. Por este motivo, una buena iniciativa para empezar a salir del colapso es limpiar nuestra mesa de trabajo.

A medida que reduzcamos nuestro caos en todos los ámbitos de nuestro día a día, lo mismo sucederá en nuestra mente.

El *chowa*, sin embargo, va más allá del orden de los objetos y de evitar la acumulación. Para promover la paz mental, también necesitamos ser pulcros con nuestras finanzas, evitando gastos innecesarios, así como con nuestras relaciones con los demás.

Una medida práctica es guardar silencio cuando nuestro interlocutor está hablando, sin intoxicar la escucha con nuestros pensamientos, tal como hacen quienes preparan lo que van a decir sin que el otro haya acabado.

Decálogo de la serenidad

Como exansioso que cabalgaba a lomos de la urgencia, siempre al borde del precipicio, creo que he malvivido lo suficiente para poder dar 10 medidas a fin de resolver la cuestión de este capítulo:

1. **Perder el miedo al vacío.** El *horror vacui* del que hablaba en la introducción ni es horroroso ni está vacío en realidad. Reservar espacios en nuestra agenda, libres de compromisos, nos permitirá que afloren ideas y conclusiones que, de otro modo, quedarían soterradas.
2. **Dar 24 horas a cada «Sí».** Cuando nos pidan algo que va a requerir nuestro tiempo, es clave no precipitarse en la respuesta. Hay que calcular en cuántas horas se va a traducir y si queremos invertirlas en eso.
3. **Revisar las urgencias**. Tal como lo definía Stephen Covey, lo urgente es importante para otra persona pero no para ti. ¿De cuántas urgencias te corresponde verdaderamente ocuparte?
4. **Crear oasis analógicos.** Hay un estrés de baja intensidad pero a la larga pernicioso, que es estar pendiente de las redes sociales a tiempo real. Hacer dieta digital las últimas horas antes de acostarnos y un día por semana nos aportará serenidad.
5. **Simplemente, pasear.** Aunque no tengamos que hacer recados, el solo hecho de estirar las piernas es ya un acto de descompresión. Cuando sientas que las ocupaciones te superan, echa a andar.

6. Leer en papel. Descansa más la vista y, además, se ha comprobado que es el mejor remedio para favorecer el sueño. La lectura es un importante desacelerador siempre que tengamos los dispositivos cerrados.

7. Practicar el *niksen*. Este término holandés se traduce como «no hacer nada» de forma genuina. Mirar por la ventana o estar sin actividad alguna, como mucho soñar despiertos, ayuda a recargar las baterías de la calma.

8. Reducir la agenda de compromisos. No es necesario estar en todas partes para complacer a los demás. Tenemos derecho a ser selectivos, o a dar cita a más largo término. Eso esponjará nuestra agenda y nos permitirá bajar el ritmo.

9. Gastar menos. Lo que compramos con dinero en realidad se paga con tiempo. Por lo tanto, a menos necesidades, menos horas de trabajo tendremos que entregar a cambio.

10. Dormir lo necesario. No hay forma más estresante de empezar la jornada que haber dormido poco, ya que nuestro cuerpo y nuestra mente no funcionan de forma óptima y nos vamos arrastrando, además de ser menos productivos. Robar horas al sueño es el peor negocio que podemos hacer si queremos vivir en un mundo no frenético.

18. ¿Cómo superar el miedo a la vejez y la muerte?

Cuando hablamos del miedo a la muerte, en realidad lo que nos preocupa es cómo llegaremos a ese estadio final de la existencia. A todo el mundo le gustaría desaparecer durmiendo y con plenas facultades, pero no sabemos qué clase de camino nos espera al final.

Gran parte de los occidentales contemplan el acto de envejecer como un drama, tal como muestra la película *Old* –en España, *Tiempo*– de M. Night Shyamalan.

La trama me pareció de lo más sugerente. Durante unas vacaciones en un paraíso tropical, un grupo de elegidos son llevados a una playa secreta donde –como descubren demasiado tarde–, cada media hora, transcurre un año de sus vidas.

El horror con el que perciben cómo el tiempo se va consumiendo a ojos vista expresa la moderna fijación por la juventud. El director de origen indio explicaba en una entrevista que pensó en tratar el tema al llegar a su medio siglo de vida.

La cuestión que nos ocupa en este capítulo es: ¿hay alternativa a esa ansiedad con la que contemplamos el paso del tiempo?

El orgullo de los centenarios

Haber hecho el trabajo de campo en Ōgimi, la aldea de Okinawa a la que después regresaríamos para rodar con National Geographic, nos convenció de que hay una manera muy distinta de envejecer.

Un proverbio irlandés que me gusta mucho dice: «Nunca lamentes que te estás haciendo viejo, porque a muchos les ha sido negado este privilegio». Una gran verdad que los ancianos de Okinawa llevan al extremo, ya que cumplir años es para ellos un placentero deporte personal.

Al ver a personas de edad avanzada haciendo Radio Taisho –una gimnasia muy popular en Japón–, cuando les preguntábamos a qué venía tanta actividad, más de una vez nos contestaron: «Me entreno para mi cien cumpleaños».

Para ellos no es una desgracia cumplir años, sino un honor, como si se estuvieran graduando en el arte de vivir. De hecho, el estado japonés envía a todos los centenarios un diploma que acredita que han llegado a esa edad.

Durante la filmación de nuestro documental, nos llevaron a conocer a un anciano de Ōgimi que había cumplido ya los 108. Esperábamos encontrar a alguien postrado en su silla de ruedas, pero, para nuestra sorpresa, nos encontramos con un hombre que, aunque se ayudaba de un bastón, tenía una sorprendente movilidad. Entraba y salía de su casa sin ayuda de nadie, y reía y saludaba todo el tiempo.

Muy contento de tenernos allí, enseguida nos mostró una foto de cómo había celebrado su 100º cumpleaños, ocho años atrás. Lo había festejado recorriendo en su moto el pueblo por última vez, con el certificado de centenario en el frente, antes de aparcarla para siempre en el garaje de su casa. Se trataba de una promesa que le había hecho a su hijo, un jovencito de más de ochenta años que vive con él.

Tras contar esta anécdota, nos acompañó al huerto para mostrarnos cómo lo regaba cada día, en especial los árboles de shikwasas, una fruta cítrica de enorme acidez y gran poder antioxidante. Antes de despedirnos, nos regaló un puñado de frutas, aconsejándonos seguir su dieta.

Nos fuimos de su casa asombrados con la energía de aquel hombre casi supercentenario –así se llama a los que llegan a 110–, cuya mayor limitación era que se había vuelto duro de oído.

¿Se puede envejecer con alegría, orgullo y un buen nivel de actividad?

Los ancianos de Okinawa nos demuestran que sí.

La carta de una profesora de filosofía

Por falta de tiempo, no suelo hacer mentorías individuales con nadie, pero hay una profesora chilena de la Universidad Andrés Bello con la que mantengo una cita mensual. Se llama María José Marchant.

Además de proponerle lecturas y películas, charlamos de cuestiones existenciales durante una hora. Tras una de nuestras charlas, en la que salió de refilón el tema de la muerte, me escribió un correo muy profundo del que quiero compartir una parte.

Antes de exponerme sus tesis, me decía que el problema con la muerte son tres realmente:

1. *El miedo a qué hay después*
2. *El miedo al cómo moriremos*
3. *El miedo al no haber vivido*

Sobre el primer punto razona así:

> Quiero hablarte de lo que te comenté en su momento sobre Epicuro. El miedo a la muerte no es miedo real a la muerte: es miedo a lo desconocido, es miedo a la supuesta no existencia. Pero si el no haber existido antes no nos genera ansiedad, ¿por qué debería generarla ahora?

Una verdad aplastante. No existir no debería angustiarnos, puesto que ese ha sido nuestro estado normal durante la eternidad que nos precedió, y lo seguirá siendo durante la eternidad que nos seguirá.

Sobre el cómo morir, María José se mostraba confiada en los avances tecnológicos que nos permitirán tener una muerte digna, sea por enfermedad o por vejez.

Especialmente interesante me parece cómo trata el tercer punto, ya que en su misiva me habla de una conversación con su suegra al respecto:

> Ella me habló de que no temía de lo que pasara en el «más allá», sino de que la muerte la encontrara con una vida inconclusa aquí, con arrepentimientos, con saldos, con culpas, en definitiva, poco

preparada. Esto no tiene que ver con qué es la muerte, ni el cómo moriremos, tiene que ver con en qué punto de nuestra vida nos encuentra la muerte. ¿Nos vamos habiendo tenido la vida que queríamos? ¿Realmente hemos vivido?

Al final de este capítulo veremos qué opinaba Marco Aurelio sobre esto, pero antes quiero compartir una reflexión muy interesante que me hace esta profesora de filosofía al final de la carta, donde me planteaba una pregunta: ¿Qué pasaría si supieras que lo que estás haciendo ahora es tu última acción y fueras a morir justo después?

Ella responde lo siguiente:

Es sencillo... lo harías bien, cualquier cosa que estuvieras haciendo. Lo harías con calma, con cariño. Absorberías cada una de las palabras que estás leyendo, me preocuparía que esta redacción quedara clara y completa. La mía sería la comida hecha con más amor, el abrazo mejor dado, jugaría el partido de tenis más apasionado. Y no sería solo por «estirar el chicle», sino porque, llegado a ese punto, nada importaría más. ¿Te detendrías a regañar a tus hijos por el desastre que están dejando en su dormitorio? Seguro que no. ¿Rumiarías sobre la pelea que tuviste ayer con tu jefa/novio/esposa/cajero del banco? Ni te pasaría por la cabeza. ¿Seguirías guardando rencores? ¿Te importarían esos kilos de más que ayer te hacían sentir miserable? Al contrario, seguramente estarías arrepentido de haber perdido nuestro preciado tiempo en tales banalidades.

Esto no es un mero ejercicio, sino la eterna posibilidad. Realmente cada momento puede ser nuestro último, solo que a unos pocos afortunados les llega el aviso. Enfrentarse a la muerte así, sin tapujos, bien desnudos, es una ventana al ahora, al valor real de las cosas y a una vida auténtica.

Si cuando llegue el día de nuestra muerte nos arrepentimos de algo es, sin duda, porque no la tuvimos lo bastante presente, porque vivimos cegados por una falsa inmortalidad, con la sensación de que el tiempo nos sobra y que «ya habrá tiempo para lo importante». Y en eso se nos fue la vida.

Bienvenida sea la conciencia de nuestra finitud, por lo tanto, si nos permite vivir con esa intensidad.

Saber que vamos a morir no es nada malo. Al contrario, es un seguro de humildad y una invitación a hacerlo lo mejor posible en cada oportunidad que nos procure la existencia.

Edad y velocidad

A medida que vamos sumando años, asistimos a un curioso fenómeno que demuestra la relatividad del tiempo.

Recordamos los veranos de nuestra infancia como algo casi eterno. Los días se alargaban lenta y perezosamente, y entre el inicio y el fin de las vacaciones parecían haber pasado eones de tiempo.

En la edad adulta, en cambio, puedes mirar un hecho acaecido diez años atrás y parece que fue ayer. Eso nos produce vértigo y temor.

Tal vez por esta razón, cuando cumplí los treinta, y de eso hace un pico, se me acercó un amigo mayor que yo y me dio el siguiente consejo:

–A partir de ahora, se trata de vivir más despacio.

Y en eso estoy, pero para ello es importante mantenerme fuera de la carrera de obstáculos que caracterizó otras épocas de mi vida. Vivir despacio, sí, saboreando cada cosa y cada experiencia como si fuera la última, porque siempre puede serlo.

Hacer las paces con la muerte nos permite dar a cada día todo su sentido y disfrutarlo con los cinco sentidos. Al fin y al cabo, como decía Marco Aurelio, «No hay que temer a la muerte, sino a no haber empezado nunca a vivir».

19. ¿Existe una forma de estar siempre enamorado de la vida?

Mientras estudiaba en la universidad, una forma de ganar algo de dinero era dando clases particulares, como otros compañeros de facultad. Enseñaba indistintamente alemán o inglés a personas que se iniciaban en el idioma, o que tenían serios problemas para progresar.

Por eso mismo, tuve mis dudas cuando una actriz de teatro *amateur*, a la que dirigía en una obra, me dijo que me mandaría a un chico de veinte años que quería clases de conversación en inglés.

–Para eso le irá mucho mejor un nativo –le advertí con honestidad.

–Él quiere hacerlo contigo –se limitó a responder.

Unos días después, recibía en mi oscuro piso de la calle Tagamanent a un joven sonriente con una melena sobre los hombros que recordaba al Príncipe de Beckelar.

Con toda familiaridad, como si hubiera venido decenas de veces, se sentó en un sillón y, sosteniendo una carpeta entre las manos, empezó a hablar.

Tal como me había temido, yo no era la persona adecuada para mejorar su conversación en inglés, porque me superaba en el acento e incluso en vocabulario. Se lo hice saber en la lengua de Shakespeare y él dio un manotazo al aire para darme a entender que aquello no era importante. Lo que él quería era contar su historia.

Lo que me fue relatando en las sesiones que tuvimos me sorprendió tanto que, años después, incluí su experiencia en uno de mis *thrillers* bajo seudónimo.

Empezó así:

–Tengo la teoría de que cada persona pasa como mucho por tres o cuatro grandes pasiones a lo largo de su vida. No hay más. Si una se termina, debe ir a por la siguiente.

–¿Y cuál es tu pasión? –le pregunté con curiosidad.

–Hasta hace muy poco, el fútbol lo era todo para mí. Empecé en las categorías inferiores del Espanyol y llegué a entrenar como portero del primer equipo. En uno o dos años más, habría llegado a ser titular.

–¿Por qué hablas en condicional? ¿Qué sucedió?

–Tuve un accidente de coche que me lastimó la espalda. Logré recuperarme, pero los médicos me dijeron que me olvidara para siempre del deporte de competición.

Su caso era curiosamente paralelo al de Julio Iglesias, pensé. Recordaba haber visto de niño un biopic interpretado por él mismo. Después de haber llegado a portero del primer equipo del Real Madrid, un accidente de coche cortó de golpe su carrera. Con pocas esperanzas de volver a caminar, estuvo un año y medio con duros ejercicios de recuperación. Para animarle, un enfermero del hospital le regaló una guitarra. Además de entretenerse, le dijo, sería un buen ejercicio para mover los dedos. Lo que sucedió a partir de ahí es de sobras conocido, así que volvamos a aquella primera entrevista con el joven que había quemado ya su primera pasión.

–Sabiendo que no podré volver nunca al fútbol, he decidido abrir la puerta a mi nueva pasión: la publicidad. Quiero ser un creativo en una agencia importante.

–¿Y tienes formación para eso? –le pregunté.

–Ninguna. Ese es el problema, que no tengo formación.

–Entonces… –No sabía adonde quería ir a parar.

–Hay un refrán que reza: «Hagamos como si fuéramos y acabaremos siendo». Y eso es lo que he hecho: me he convencido de que ya soy un creativo publicitario. Mi primera campaña será venderme en todas las agencias de Barcelona.

–Es decir, que el producto que anunciarás eres tú –dije asombrado.

–Así es.

Acto seguido, me enseñó un folio impreso en color con un cielo nocturno estrellado. Encima, había sobreimpresionado con una tipografía bastante cutre un mensaje parecido a este:

> *Es un cielo impresionante, ¿verdad?*
> *Alguien debe de haberlo creado.*
> *Si quieres que te impresione y cree para ti,*
> *llámame.*

Debajo de estas cuatro líneas había puesto su número de teléfono.

Con todo esto, terminó la clase de conversación y no volví a saber de él hasta un par de semanas después. La escena empezó de manera parecida. Se sentó en el mismo sillón con la carpeta entre las manos y declaró:

–Ha sido un fiasco.

–¿No ha gustado tu publicidad? –pregunté recordando el folio de las estrellas.

–Nadie ha contestado, pero voy a hacer un segundo *mailing* a todas las agencias de Barcelona. Tengo una idea mucho mejor. Mira esto…

Acto seguido, abrió la carpeta y me enseñó un gran billete impreso en color con su cara en el medio, melenita incluida, y su teléfono debajo. El eslogan era una sola frase:

TE HA TOCADO LA LOTERÍA

Tras este segundo encuentro, estuve deseando que el alumno que hablaba mejor inglés que yo regresara para explicarme si había sucedido algo. Y vaya si sucedió… Aunque no volví a verle hasta un mes más tarde, cuando pudo ya contarme el resto de la historia hasta el final.

–Dos de las agencias contestaron y me propusieron una entrevista. Yo creo que me llamaron solo porque los directores creativos estaban aburridos y querían conocer al chalado que había mandado esto. En la primera, que era una agencia grande, al saber que no tenía experiencia ni formación, me despacharon.

–¿Y la segunda? –le pregunté lleno de curiosidad.

–Era una agencia pequeña pero muy prestigiosa de un publicista alemán. Me entrevistó él mismo. Quería conocerme.

–¿Y qué sucedió?

–Sin preguntarme por el currículum, en la reunión me habló enseguida de trabajo. Me explicó que le había llegado un encargo difícil y que, si era capaz de hallar una solución, el puesto sería mío. El desafío era el siguiente: un fabricante de tacos y tornillos había comprado una página de publicidad a todo color en una revista del sector. Nadie en la agencia sabía qué imagen y eslogan proponer.

–Imagino que poner el taco a toda página habría sido demasiado obvio –comenté.

–En efecto, había que ser sutil y, al mismo tiempo, muy claro en el mensaje. Buscarle la poesía al producto.

–¿Y se te ocurrió algo?

–Al cabo de 24 horas regresé a la agencia con una propuesta que me había impreso yo mismo.

En el rostro del Príncipe de Beckelar se dibujó una sonrisa entusiasta mientras abría la carpeta por tercera vez. Extrajo un nuevo folio impreso a color y me lo tendió. Mostraba el planeta Tierra suspendido en la oscuridad del cosmos, y debajo el eslogan:

AYUDAMOS A SOSTENER EL MUNDO

–Aquel mismo día fui contratado.

Las clases de conversación en inglés terminaron aquí, porque la historia –al menos aquella– había llegado a su fin. A partir de este momento, mi alumno estuvo muy ocupado con su trabajo como creativo publicitario.

Un par de años después, supe por la actriz *amateur* que había sido contratado como director de márketing de la mayor cadena de supermercados del país.

Pido disculpas por haber relatado de forma tan extensa esta historia, pero considero que valía la pena contarla, porque este es el acto de reinvención más impresionante que he conocido de cerca.

Pasiones y desiertos

En el caso que acabo de compartir, parece que el tránsito entre una pasión y la siguiente fue relativamente rápido. Quizás se había sentido atraído por la publicidad ya desde la infancia, pero había encontrado en el fútbol una entrada más natural.

Lo común, como en el caso de Julio Iglesias, es que entre una pasión y la siguiente haya una travesía del desierto. Han muerto los viejos dioses sin que los nuevos hayan nacido todavía. Es una etapa para explorar, para entregarse a la prueba y error, para entender lo que no es y seguir buscando lo que puede ser.

La inmensa mayoría de los jóvenes viven en este proceso, por eso Héctor García decidió que en *El pequeño ikigai* incluyéramos un subcapítulo que se llamara *bienvenido al club del 99 %*.

También en la edad adulta, las personas inquietas sentirán más de una vez que atraviesan el desierto y seguirán adelante sin saber muy bien adónde se dirigen. Ese es el precio de la aventura.

El camino hacia una nueva y verdadera pasión puede ser largo y tortuoso. Más fácil es detectar cuándo aquello que estábamos haciendo ha dejado de tener sentido. En psicología hay incluso una expresión para ello: *despido interior*. Se da cuando nuestro cuerpo sigue yendo a la oficina, o donde sea que trabajemos, pero la mente y el corazón ya no están allí.

Algunos indicadores de que la etapa en la que nos encontrábamos ha terminado son:

- *Apatía y aburrimiento.* Aquello que antes nos interesaba ha dejado de hacerlo. No encontramos aliciente en ello.
- *Sentimiento de languidez.* Nos cuesta horrores empezar el día. Pasamos rato fantaseando en la cama antes de decidirnos a levantarnos.
- *Edición constante del pasado.* Dedicamos demasiado tiempo al juego de «qué habría pasado si...».
- *Resignación.* No vemos oportunidad de mejora donde estamos. Nos abonamos a frases como «Ya ves, hay que trabajar» o «La vida es así».
- *Nuestras relaciones se deterioran.* Al estar infelices con nuestra vida, de forma inconsciente complicamos la vida a los demás. Nos mostramos de mal humor y estamos más susceptibles que antes.
- *Nos falta vitalidad.* Nos sentimos envejecidos, como si una parte importante de nosotros se hubiera retirado de la vida.

Los procesos de despido interior pueden terminar con la renuncia laboral –voluntaria o promovida por la empresa– o con una baja por depresión.

Yo he pasado un par de veces por ese tránsito, donde sin duda hay miedo, pero, cuando se da el paso definitivo, el sentimiento de liberación compensa de la incertidumbre ante lo que vendrá.

Inventar una nueva vida

No es necesario ser Kim Ki Duk para encontrar una nueva pasión que nos vuelva a dar combustible para vivir. Si estás cruzando el desierto y buscas enamorarte de nuevo de la existencia, hay varias maneras de profundizar en tu exploración:

1. *Identifica tu* «flow». Volviendo al libro de Mihály Csíkszentmihályi, la actividad que más te hace fluir, hasta el punto de que pierdes la conciencia del tiempo, olvidando cualquier problema o angustia, con toda probabilidad es tu pasión. Haz un ránking de las cosas que más amas hacer, valorando del 1 al 10 el «flow» que te producen, y quédate con lo que hay en lo alto de la lista.

2. *Explora tus talentos.* Tendemos a disfrutar más de aquello que se nos da naturalmente bien hacer. Ken Robinson lo llamaba *el elemento.* Si el agua es el elemento del pez, ¿cuál es el tuyo? ¿En qué medio o situaciones te desenvuelves mejor que en ningún otro? Pide *feedback* a los demás si eres demasiado modesto. Aquello para lo que tienes especial facilidad puede ser tu próxima pasión.

3. *Trabaja desde la negatividad.* En los talleres de *creative writing* de Estados Unidos, cuando un novelista se bloquea, le proponen que conteste a la pregunta: «¿Qué no sucederá en esta novela?». Al empezar a hacer listas de los hechos que no tendrán lugar, por oposición se va perfilando lo que sí sucederá. Esta misma técnica se puede aplicar a la búsqueda de un nuevo propósito vital. Si enumeramos todas las actividades que hemos aborreci-

do, encontraremos un denominador común y el camino opuesto. A través de lo que no te gusta también se llega a lo que te gusta.

4. *Recuerda quién eras.* El consejo es de Randy Pausch, que tras serle diagnosticado un cáncer terminal, dio la conferencia «Cumplir los sueños de la infancia». Los niños no están desconectados de sus talentos y pasiones, así que, si te sientes perdido, te será útil recordar cómo eras y qué querías del mundo cuando eras un niño.

Nos queda un último capítulo. Pronto llegaremos al final de este libro. Si eres capaz de pasar página de las decepciones y enamorarte de la vida una y otra vez, estarás siempre empezando.

20. ¿Y si al final no hay nada?

Aunque no puedo demostrar que no exista nada después de esta vida, lo cierto es que nada espero. Por eso, suelo decir que, cuando muera, pueden tirarme a un contenedor y ya está.

Respeto profundamente a quienes creen en otras vidas y en posibles reencarnaciones después de esta. Ni ellos ni yo tenemos manera de saber qué hay al otro lado. Si quieres averiguarlo, tendrás que irte para no volver.

En lenguaje cinematográfico, la muerte equivaldría al llamado *Macguffin*, un elemento de suspense que hace avanzar la trama, pero que permanece siempre como interrogante. Nunca llegamos a saber algo concreto que explique adónde conduce.

Un ejemplo que se suele poner en las clases de guion es *Psicosis*. En la película de Hitchcock, la trama empieza con una mujer que roba dinero de su empresa y huye con el botín en el coche. El espectador espera que ese acto tenga consecuencias, como la persecución de la policía, o que la ladrona haga algo con el dinero, pero la historia va por otros derroteros. Al llegar al motel de los Bates, hasta el final de la película nos olvidamos totalmente del dinero robado. Esa línea argumental queda suspendida.

Algo parecido sucede con la muerte. Desde que tenemos uso de razón hablamos de ella, elaboramos hipótesis, mantenemos nuestras expectativas, pero nunca resolveremos el misterio, al menos, en esta vida.

En mi novela *amor en minúscula*, el protagonista tiene un amigo hospitalizado que comparte habitación con otro anciano. En una de sus visitas, una mañana observa que la otra cama ha quedado vacía.

–¿Dónde se ha ido? –le pregunta.

A lo que su viejo amigo le contesta:

–Si lo supiera, me darían el Premio Nobel en todas las disciplinas.

Ese es el misterio de la muerte. Y tal vez sea mejor no tener la menor idea de lo que hay al otro lado del telón. Incluso si no hubiera nada, tampoco eso debe suponer un problema.

Recordemos la célebre canción de los Monty Python en *La vida de Brian*, que traducida sería:

> *¿Qué tienes que perder?*
> *Sabes que vienes de la nada.*
> *Y vas a volver a la nada.*
> *¿Qué has perdido? ¡Nada!*

Lo único claro es que, hasta que lleguemos a esa posible nada, estamos llenos de vida. Ante nuestros pies se abren infinitos caminos y posibilidades.

Sobre la última pregunta de este libro, recuerdo que a mi madre le gustaba mucho una frase de Mae West, la actriz de Brooklyn que reinó de los años 20 a los 40 del siglo pasado.

Una vez dijo: «Solo se vive una vez. Pero si lo haces bien, una vez es suficiente».

Agradecimientos

A Ana y Agustín Pániker, por invitarme a publicar en una editorial cuyos libros me han hecho quien soy.

A Elisabeth Silvestre y al apasionado equipo de RBA revistas, por permitirme rescatar mi testimonio para el capítulo 16. Es un placer y un privilegio caminar desde hace tantos años a vuestro lado.

A Jaume Rosselló, todo lo que sé de los libros y mucho de lo que sé sobre la vida se lo debo a él.

A Pere Valls, por sus tres portadas para este libro.

A Víctor Jurado, por su ayuda documental y académica.

A Sandra, Berta y Roger Bruna, por apoyarme siempre.

A Anna Sólyom, por soportar tanta escritura y silencio (y algunas flautas del Buda como banda sonora).

A ti, que sostienes este libro, gracias por acompañarme hasta el final.

Bibliografía

Aristóteles, *Ética a Nicómaco*, Gredos.

Aurelio, Marco, *Meditaciones*, Taurus.

Auster, Paul, *La invención de la soledad*, Anagrama.

Benatar, David, *Better Never To Have Been*, Oxford University Press.

Bishop, Elisabeth, *Antología poética*, Visor.

Bregman, Rutger, *Dignos de ser humanos*, Anagrama.

Brinkman, Rick & Rick Kirschner, *Tratar con personas difíciles ¡Es fácil!*, Profit.

Carrère, Emmanuel, *Yoga*, Anagrama.

Castaneda, Carlos, *Las enseñanzas de Don Juan*, Fondo de Cultura Económica.

Cavafis, C.P., *Poesía completa*, Visor.

Clason, George S., *El hombre más rico de Babilonia*, Obelisco.

Csíkszentmihályi, Mihály, *Fluir (Flow): Una psicología de la felicidad*, Kairós.

D'Ors, Pablo, *Biografía del silencio*, Galaxia Gutenberg.

Dawkins, Richard, *El gen egoísta*, Bruño.

Dostoievski, Fiodor, *Noches blancas*, Nórdica Libros.

Ferriss, Timothy, *La semana laboral de 4 horas*, RBA.

Fields Millburn, Joshua & Ryan Nicodemus, *Minimalismo*, Kairós.

FOWLES, JOHN, *El Mago*, Anagrama.

FRANKL, VIKTOR, *El hombre en busca de sentido*, Herder.

FRY, HANNAH, *Las matemáticas del amor*, Empresa Activa.

GARCÍA, HÉCTOR, *Un Geek en Japón*, Norma.

GARCÍA DE ORO, GABRIEL, *Storycoaching*, RBA.

GOLDING, WILLIAM, *El señor de las moscas*, Alianza.

HAIG, MATT, *La biblioteca de medianoche*, Alianza.

HESSE, HERMANN, *Demian*, Alianza.

HONORÉ, CARL, *Elogio de la lentitud*, RBA.

ISAACSON, WALTER, *Steve Jobs*, DeBolsillo.

KOHAN, SILVIA ADELA, *Escribir en 21 días*, RBA.

KUNDERA, MILAN, *La vida está en otra parte*, Tusquets.

LAING, OLIVIA, *La ciudad solitaria: aventuras en el arte de estar solo*, Capitán Swing.

LEVI, PRIMO, *Si esto es un hombre*, Austral.

MIRALLES, FRANCESC, *amor en minúscula*, B de Bolsillo.

—, *La lección secreta*, Comanegra.

—, *Los lobos cambian el río*, Obelisco.

—, *Retrum*, LaGalera.

—, *Un haiku para Alicia*, Plataforma.

MIRALLES, FRANCESC & HÉCTOR GARCÍA, *El pequeño Ikigai*, Destino.

—, *Ikigai: Los secretos de Japón para una vida larga y feliz*, Urano.

NAISH, JOHN, *¡Basta!*, Temas de Hoy.

PAUSCH, RANDY, *La última lección*, DeBolsillo.

REDFIELD, JAMES, *Las nueve revelaciones*, B de Bolsillo.

ROSLING, HANS, *Factfulness*, Deusto.

ROVIRA, ÁLEX, *la brújula interior*, Plataforma.

SCHOPENHAUER, ARTHUR, *El arte de ser feliz*, Herder.

SUNIM, HAEMIN, *Aquello que solo ves al detenerte*, Zenith.

TANAKA, AKEMI, *Chōwa*, Kitsune.

THOMPSON, GEORGE J. & JERRY B. JENKINS, *Verbal Judo*, William Morrow.

VÁZQUEZ, NIKA, *Aporta o aparta*, Aguilar.

VIERECK, GEORGE S., *Glimpses of the Great*, The Macaulay Company.

WARE, BRONNIE, *Los 5 mandamientos para tener una vida plena*, DeBolsillo.

WHITMAN, WALT, *Hojas de hierba*, Alianza.